BESTACTIVITYBOOKS.COM

EERSTE EDITIE - Gepubliceerd in 2022

Extra grafisch materiaal van: www.freepik.com
Dank aan: Alekksall, Starline, Pch.vector, Rawpixel.com, Vectorpocket, Dgim-studio, Upklyak, Macrovector, Stockgiu, Pikisuperstar & Freepik.com Designers

5 TIPS OM TE BEGINNEN!

1) HOE OP TE LOSSEN

De Puzzels zijn in een Klassiek Formaat:

- Woorden worden verborgen zonder pauzes (geen spaties, streepjes, ...)
- Oriëntatie: Voorwaarts & Achterwaarts, Boven & Beneden of in Diagonaal (kan in beide richtingen)
- Woorden kunnen elkaar overlappen of kruisen

2) ACTIEF LEREN

Naast elk woord is een spatie voorzien om de vertaling te noteren. Om actief te leren vindt u een **WOORDENBOEK** aan het einde van deze editie om uw kennis te controleren en uit te breiden. U kunt elke vertaling opzoeken en opschrijven, de woorden in de puzzel vinden en ze vervolgens aan uw woordenschat toevoegen!

3) TAG JE WOORDEN

Hebt u al geprobeerd een labelsysteem te gebruiken? U zou bijvoorbeeld de woorden die moeilijk te vinden waren kunnen markeren met een kruis, de woorden die u leuk vond met een ster, nieuwe woorden met een driehoek, zeldzame woorden met een ruit enzovoort...

4) ORGANISEER UW LEREN

Wij bieden ook een handig **NOTITIEBOEKJE** aan het eind van deze uitgave. Of u nu op vakantie, op reis of thuis bent, u kunt uw nieuwe kennis gemakkelijk ordenen zonder dat u een tweede notitieboek nodig hebt!

5) AFGESLOTEN?

Ga naar de bonussectie: **FINAAL UITDAGING** om een gratis spel te vinden dat aan het einde van deze editie wordt aangeboden!

Wil je meer leuke en leerzame activiteiten? Het is **Snel en Eenvoudig!**
Een hele collectie spelboeken slechts **één klik verwijderd!**

Vind uw volgende uitdaging bij:

BestActivityBooks.com/MijnVolgendeBoek

Klaar... Start!

Wist u dat er zo'n 7000 verschillende talen in de wereld zijn? Woorden zijn kostbaar.

We houden van talen en hebben hard gewerkt om de boeken van de hoogste kwaliteit voor u te maken. Onze ingrediënten?

Een selectie van onmisbare leerthema's, drie grote plakken plezier, dan voegen we er een lepel moeilijke woorden en een snuifje zeldzame woorden aan toe. We serveren ze met zorg en een maximum aan verrukking, zodat je de beste woordspelletjes kunt oplossen en veel plezier beleeft aan het leren!

Uw feedback is essentieel. U kunt een actieve bijdrage leveren aan het succes van dit boek door een recensie achter te laten. Vertel ons wat u het meest beviel in deze editie!

Hier is een korte link die u naar uw bestelpagina brengt:

BestBooksActivity.com/Recensies50

Bedankt voor uw hulp en veel plezier met het spel!

Linguas Classics

1 - Metingen

M	A	R	G	Z	D	D	A	R	G	H	D	R	J	W	U
D	U	L	T	I	E	B	L	Y	O	I	A	Y	F	J	T
Y	A	N	A	Q	G	O	D	I	R	S	W	E	S	L	M
F	S	C	U	V	O	A	Q	W	T	R	P	U	V	N	Q
N	Y	I	Z	D	L	Z	A	L	U	R	E	D	H	C	U
D	W	L	C	Y	C	P	C	S	S	B	B	M	A	J	T
E	P	O	N	H	V	U	A	I	M	H	J	C	M	U	T
R	U	G	L	L	E	D	N	U	À	X	F	Q	F	A	Y
D	K	R	Y	J	P	D	O	K	S	U	P	E	I	N	T
Y	V	A	E	Q	A	Y	L	L	E	N	N	U	T	B	M
T	I	M	E	L	O	R	F	Y	C	N	W	Y	C	F	G
L	P	X	Y	K	J	U	A	J	X	F	T	O	C	E	Z
W	B	P	R	P	F	S	N	M	O	D	F	E	D	D	X
Z	Y	B	S	Y	E	E	Y	P	L	T	I	Q	X	D	Y
P	E	R	V	O	C	M	T	M	U	Q	N	U	I	S	S
D	O	J	B	E	W	V	C	G	Q	C	T	Y	Y	W	P

LLED
BEIT
CANOLFAN
DEGOL
DYFNDER
PWYSAU
GRADD
GRAM
UCHDER
MODFEDD
CILOGRAM
HYD
LITR
MÀS
MESURYDD
MUNUD
OWNS
PEINT
TUNNELL
CYFROL

2 - Opwarming van de Aarde

C	H	G	W	Y	D	D	O	N	Y	D	D	J	Z	A	N
E	I	S	L	O	D	A	L	W	G	N	Y	H	R	M	A
N	N	S	Y	L	J	S	X	D	T	Q	W	A	C	G	W
E	S	F	E	D	Y	G	Y	X	Q	J	N	R	I	Y	R
D	A	G	H	Y	H	W	A	O	B	C	B	G	T	L	N
L	W	T	U	F	X	H	O	T	Q	H	B	Y	I	C	C
A	D	N	A	O	C	C	W	D	I	H	D	F	Y	H	A
E	D	A	D	D	Y	I	H	E	R	J	A	W	M	E	N
T	S	I	A	O	U	Z	C	P	P	A	E	N	P	D	L
H	N	D	I	L	A	R	C	T	I	G	E	G	Y	D	Y
A	N	Y	D	Y	N	N	I	N	O	S	F	T	R	O	N
U	B	W	I	D	A	T	B	L	Y	G	U	J	H	L	I
R	A	I	W	S	R	S	X	V	Q	K	Q	X	M	M	A
Y	K	D	E	Z	I	L	Y	N	H	D	M	G	W	B	D
X	N	M	N	F	N	W	X	L	X	C	H	U	G	I	A
T	Y	M	H	E	R	E	D	D	W	E	B	V	O	X	U

SYLW
ARCTIG
ARGYFWNG
YNNI
NWY
DATA
CENEDLAETHAU
CANLYNIADAU
DIWYDIANT
RHYNGWLADOL

HINSAWDD
AMGYLCHEDDOL
NAWR
DATBLYGU
LLYWODRAETH
TYMHEREDD
DYFODOL
NEWIDIADAU
GWYDDONYDD

3 - Keuken

P	T	H	P	T	U	N	Y	C	P	A	N	C	O	R	R
U	J	J	Z	U	C	K	I	J	O	O	Q	X	U	L	H
F	F	E	D	O	G	R	O	Y	A	B	P	J	W	G	E
R	Z	O	D	F	G	N	J	Y	G	R	C	T	S	W	W
Q	T	L	K	F	T	E	G	E	L	L	C	G	Y	M	G
B	X	U	A	Y	W	L	L	Q	I	C	W	U	S	V	E
D	O	L	M	R	D	N	O	D	D	I	P	M	I	Q	L
C	R	W	K	C	A	M	R	Y	D	M	A	G	E	Z	L
U	R	V	L	M	W	F	G	Q	S	M	N	D	B	R	V
U	J	C	I	J	T	R	R	O	V	S	A	K	S	Y	C
I	O	E	R	G	E	L	L	E	Z	B	U	U	F	S	C
Q	I	D	G	G	L	U	H	M	I	V	W	V	M	Á	W
G	H	C	Y	L	L	Y	L	L	B	W	Y	D	X	I	J
C	H	O	P	S	T	I	C	K	S	S	Y	N	G	T	I
N	F	N	W	I	I	J	U	Q	L	A	J	B	T	N	U
D	R	Y	I	R	U	V	X	Q	L	J	A	W	Y	H	Z

CWPANAU
CHOPSTICKS
GRIL
TEGELL
OERGELL
BOWL
JWG
LLWYAU
CYLLYLL
POPTY

LLETWAD
JAR
RYSÁIT
FFEDOG
NAPCYN
SBEISYS
NODDI
BWYD
FFYRC
RHEWGELL

4 - Boten

M	M	J	T	U	T	K	E	P	Y	T	H	F	Z	R	O
P	O	I	L	Y	W	H	O	G	L	E	Q	F	Q	I	M
P	C	R	U	Z	I	L	D	T	L	X	W	E	T	D	T
C	T	B	W	C	S	V	X	X	Y	G	E	R	Y	L	O
E	O	C	J	R	T	S	Y	M	N	L	P	I	U	L	F
F	N	O	F	A	O	N	B	C	V	T	E	O	V	U	H
N	N	C	O	D	P	L	A	W	O	Y	I	H	D	T	B
F	A	Z	A	C	V	T	D	C	O	I	R	Ô	M	Z	Z
O	U	C	I	I	Y	D	A	H	X	I	I	G	Z	E	Z
R	N	R	O	M	A	Y	C	H	L	N	A	Ŵ	N	A	C
P	Y	I	H	W	U	C	H	W	R	X	N	Y	B	N	E
T	R	W	N	Y	J	W	U	Y	M	H	T	P	V	G	P
Y	P	A	K	A	R	N	B	L	U	M	A	F	K	O	K
X	T	B	U	F	L	F	Z	I	P	E	A	F	R	R	Y
S	R	S	K	B	C	M	A	O	R	Y	W	A	F	O	P
X	I	X	G	H	N	P	Z	F	U	D	U	T	D	I	X

ANGOR
CRIW
PRYNU
DOC
TONNAU
HWYLIO
CAIAC
CANŴ
MWYAF
LLYN

PEIRIANT
MORWROL
CEFNFOR
BAD ACHUB
AFON
RHAFF
FFERI
LLU
MÔR
CWCH HWYLIO

5 - Chocolade

O	I	S	W	A	R	O	G	L	P	O	W	D	R	G	I
J	P	Y	R	A	W	Q	C	K	B	T	F	J	N	W	M
D	N	L	E	M	A	R	A	C	T	P	E	N	W	R	C
T	C	E	W	N	F	F	G	C	W	I	F	B	W	T	Y
C	D	M	H	F	A	N	F	B	N	V	V	T	E	H	N
T	R	J	C	N	A	U	C	O	C	O	Q	O	V	O	H
F	S	E	K	X	I	Q	G	E	H	A	Z	L	E	C	W
P	W	R	F	R	Y	S	Á	I	T	N	L	B	T	S	Y
Y	M	U	E	F	R	P	J	F	B	S	A	L	B	I	S
S	G	I	C	Z	T	G	U	X	K	A	G	Z	O	D	I
U	I	A	P	U	R	W	R	L	D	W	H	O	C	I	O
S	T	W	Z	J	O	B	Y	S	V	D	C	R	A	O	N
A	O	E	G	J	R	O	V	R	Y	D	N	A	C	L	R
L	S	Y	O	R	G	A	L	O	R	Ï	A	U	A	F	I
B	G	Z	X	A	X	W	S	B	C	L	Q	H	O	R	N
Z	E	M	A	U	X	L	P	U	G	E	F	Q	I	N	V

GWRTHOCSIDIOL
AROGL
CREFFTWYR
CHWERW
CACAO
GALORÏAU
EGSOTIG
HOFF
BLASUS
CYNHWYSION

CARAMEL
CNAU COCO
ANSAWDD
POWDR
RYSÁIT
BLAS
CANDY
SIWGR
MELYS

6 - Gezondheid en Welzijn #2

D	S	Z	Z	K	H	S	Y	M	A	F	G	H	T	C	K
M	A	E	T	H	A	T	V	E	N	D	E	Y	H	L	F
Y	L	D	I	C	I	R	O	L	A	C	N	L	P	R	C
C	L	N	T	A	N	A	N	Z	T	F	E	E	X	M	K
O	O	S	A	I	T	E	I	L	O	H	T	N	E	Z	G
M	R	R	X	K	W	N	L	U	M	F	E	D	E	Z	A
T	C	D	F	G	H	J	Y	J	E	N	G	I	W	L	M
A	R	D	Y	F	H	U	T	G	G	D	Z	D	V	R	P
E	E	E	Q	S	H	C	C	Y	N	N	I	Y	X	X	J
Y	F	G	U	Y	B	K	W	W	V	R	S	D	M	O	Q
C	D	R	N	L	D	Y	F	E	L	C	S	E	Q	U	P
Q	A	E	J	R	I	C	T	Z	E	R	K	I	G	I	W
V	F	L	Q	W	W	A	P	Y	N	G	O	E	T	T	U
B	V	A	L	D	M	A	D	E	A	W	G	T	C	L	L
F	I	T	A	M	I	N	J	B	N	J	F	L	C	D	F
H	G	X	A	Y	P	W	Y	S	A	U	Z	K	P	L	J

ALERGEDD
ANATOMEG
GWAED
CALORI
DEIET
YNNI
GENETEG
PWYSAU
IACH
ADFER
HYLENDID
HAINT
CORFF
TYLINO
TREULIAD
STRAEN
FITAMIN
MAETH
YSBYTY
CLEFYD

7 - Tijd

D	Z	V	B	H	F	Q	C	E	L	B	H	E	Y	B	C
F	Y	H	L	A	A	Q	L	U	P	Q	F	C	P	L	L
Q	Z	F	U	Y	D	N	Y	D	D	Y	W	L	B	Y	O
E	X	I	O	A	W	R	N	Z	S	P	J	S	X	N	C
M	O	R	Y	D	W	A	G	E	D	N	V	P	N	Y	K
U	G	N	N	W	O	W	C	B	R	J	B	Z	V	D	D
N	A	A	G	Y	Z	L	A	P	W	D	V	D	N	D	Y
U	R	C	Y	T	S	M	L	G	Q	X	Y	J	O	O	D
D	Ô	O	N	H	I	O	E	S	I	G	X	D	S	L	D
H	L	R	N	N	W	Y	N	E	Q	U	G	T	D	P	L
O	E	W	A	O	G	X	D	C	D	T	E	J	Y	D	S
M	K	D	R	S	Q	J	R	Q	E	W	C	T	O	D	J
P	W	L	D	S	J	F	X	J	L	V	T	O	W	O	S
B	O	R	E	I	B	N	A	W	R	X	W	H	Q	E	M
A	H	N	C	M	W	Q	H	N	T	G	M	Z	O	M	Q
B	D	Z	S	F	Q	D	H	C	Y	H	K	X	L	T	V

DYDD
DEGAWD
CANRIF
DDOE
BLWYDDYN
BLYNYDDOL
CALENDR
CLOC
MIS
HANNER DYDD

MUNUD
AR ÔL
NOS
NAWR
BORE
DYFODOL
AWR
HEDDIW
YN GYNNAR
WYTHNOS

8 - Meditatie

M	S	E	A	X	H	C	W	D	D	E	H	S	X	E	P
Z	G	F	N	Q	C	A	F	X	M	D	A	U	T	M	P
I	L	F	A	P	W	A	P	X	T	D	P	B	G	O	K
N	T	R	D	S	R	V	Y	U	O	Y	G	E	U	S	J
Y	A	O	L	G	A	H	H	Y	S	W	B	Z	A	I	E
B	C	T	U	B	G	B	X	Z	V	R	E	G	I	Y	G
R	U	F	U	K	H	G	T	U	S	G	W	C	L	N	L
E	S	O	W	R	C	D	Z	F	Y	I	L	Y	Y	A	U
D	F	W	S	K	L	Q	Y	S	M	D	Y	U	D	U	R
V	C	P	P	Q	O	G	S	O	U	E	S	Q	D	D	D
E	H	T	E	A	I	R	O	D	D	R	E	C	E	D	E
L	O	I	L	Y	D	D	E	M	I	A	Y	J	M	A	R
T	O	S	T	U	R	I	Q	W	A	C	Q	I	Q	W	Y
S	A	F	B	W	Y	N	T	F	D	O	K	M	Y	E	N
M	D	I	S	T	A	W	R	W	Y	D	D	T	E	L	X
S	J	P	S	Z	I	F	P	L	U	W	I	R	Y	Q	Y

SYLW
DERBYN
ANADLU
SYMUDIAD
DIOLCHGARWCH
EMOSIYNAU
MEDDYLIAU
HAPUSRWYDD
EGLURDER
OSGO
DAWEL
TOSTURI
MEDDYLIOL
CERDDORIAETH
NATUR
SAFBWYNT
DISTAWRWYDD
HEDDWCH
CAREDIGRWYDD
EFFRO

9 - Muziek

R	E	I	D	O	N	F	O	C	G	J	L	B	B	B	T
H	F	K	M	O	F	Q	N	M	J	W	M	A	A	F	L
Y	W	S	J	M	T	F	X	H	I	Z	C	L	R	L	B
T	V	G	I	X	K	P	E	G	R	J	D	B	D	C	Z
H	B	B	C	O	R	W	S	R	W	L	R	W	D	P	Y
M	G	I	T	G	I	M	H	T	Y	H	R	M	O	B	M
A	T	C	B	N	F	U	A	E	U	N	A	C	N	Y	L
B	P	Q	C	P	W	C	E	R	D	D	O	R	O	R	S
C	E	R	D	D	O	R	O	L	M	E	R	M	L	F	B
K	V	Q	W	A	L	A	W	Y	B	B	L	K	H	Y	W
Y	N	Q	I	N	O	M	R	A	H	C	K	A	N	F	S
Z	S	P	R	E	A	Y	M	V	W	R	V	R	B	Y	F
O	W	C	X	N	Q	C	S	H	O	D	K	E	Q	R	B
T	E	L	Y	N	E	G	O	L	W	G	O	P	M	E	T
C	L	A	S	U	R	O	L	W	E	J	D	O	U	W	P
Y	I	U	H	N	L	M	E	I	C	R	O	F	F	O	N

ALBWM
BALED
HARMONI
BYRFYFYR
OFFERYN
CLASUROL
CORWS
TELYNEGOL
ALAW
MEICROFFON

CERDDOROL
CERDDOR
OPERA
COFNODI
BARDDONOL
RHYTHM
RHYTHMIG
TEMPO
CANWR
CANU

10 - Vogels

C	C	A	C	I	J	N	S	V	W	N	A	W	A	F	R
T	I	A	H	S	O	P	H	T	C	W	U	N	V	H	M
U	W	C	U	Z	J	C	X	S	L	H	Q	W	K	O	L
B	K	C	O	F	D	I	P	E	S	T	R	Y	S	T	W
Y	W	B	A	N	Â	R	F	A	I	A	D	E	R	Y	N
Y	R	B	L	N	I	M	P	A	R	O	T	C	Â	C	E
G	H	C	R	A	L	A	E	F	D	O	T	Q	I	B	D
Z	Q	V	F	U	G	N	L	F	K	M	T	P	W	B	A
N	E	M	O	L	O	C	I	L	H	W	R	K	Y	G	Y
U	C	T	M	L	G	T	C	A	Q	W	M	U	C	G	W
A	O	F	Y	Y	W	O	A	M	G	W	Y	L	A	N	H
P	H	V	P	D	M	Y	N	I	P	E	N	G	W	I	N
F	S	A	A	D	L	M	I	N	A	J	U	V	H	C	Z
Q	T	V	R	Y	M	I	Y	G	P	C	R	Ë	Y	R	H
D	Q	R	G	Ŵ	H	T	R	O	B	W	O	O	B	C	Q
A	B	G	G	G	M	T	Z	N	Q	T	U	U	M	A	O

COLOMEN
HWYADEN
WY
FFLAMINGO
GŴYDD
CYW IÂR
GOG
FRÂN
GWYLAN
ADERYN

CICONIA
PAROT
PAUN
PELICAN
PENGWIN
CRËYR
ESTRYS
TWCAN
DYLLUAN
ALARCH

11 - Behoud

C	M	Z	E	H	X	Q	X	S	T	B	T	R	D	U	G
Y	X	L	O	I	R	U	T	A	N	Z	X	Z	Q	P	Y
L	L	A	T	N	W	C	Y	N	E	F	I	N	W	W	U
C	L	D	E	S	L	C	Y	N	A	L	I	A	D	W	Y
H	L	D	C	A	O	C	E	A	V	O	V	O	Y	U	L
N	E	Y	O	W	D	M	S	F	N	D	D	R	H	N	L
U	I	S	S	D	D	R	Y	W	G	D	P	G	C	E	Y
X	H	G	Y	D	O	Y	U	I	J	E	R	A	E	W	G
C	A	C	S	B	F	W	M	W	X	H	Y	N	I	I	R
V	U	B	T	F	R	D	R	O	Y	C	D	I	W	D	E
B	G	B	E	H	I	D	S	R	J	L	E	G	Q	I	D
H	P	O	M	W	W	A	N	R	D	Y	R	C	S	A	D
U	H	C	L	Y	G	L	I	A	V	G	E	A	F	D	O
D	U	D	W	L	A	A	R	A	L	M	R	Z	E	A	R
Q	Ŵ	U	F	Y	C	L	D	A	I	A	R	B	W	U	C
Y	F	R	N	A	T	P	C	E	M	E	G	A	U	D	U

CEMEGAU
CYNALIADWY
ECOSYSTEM
CYLCH
IECHYD
GWYRDD
CYNEFIN
HINSAWDD
AMGYLCHEDDOL
NATURIOL

ADDYSG
ORGANIG
PLALADDWYR
AILGYLCHU
NEWIDIADAU
LLEIHAU
LLYGREDD
GWIRFODDOLWR
DŴR
PRYDER

12 - Universum

G	Z	H	A	U	G	Z	O	A	S	T	E	R	O	I	D
A	A	E	B	X	A	X	I	M	Q	Z	I	N	D	R	E
L	T	M	O	P	H	U	H	T	H	G	W	B	Y	X	R
A	E	I	Z	H	W	G	D	R	T	I	L	T	R	P	D
E	B	S	V	O	W	Z	A	B	G	N	T	R	U	O	Y
T	W	F	R	X	W	M	U	W	I	R	Y	N	K	G	H
H	Y	F	A	J	F	B	E	E	Y	S	W	G	J	S	T
G	R	E	J	K	H	C	L	Y	G	R	Y	W	A	E	E
G	W	R	Q	I	A	X	L	R	U	S	L	S	F	L	A
D	D	E	D	Y	H	Y	C	O	E	J	L	E	C	E	I
G	T	J	L	E	W	R	O	G	Y	V	W	R	O	T	D
M	A	F	D	A	S	O	B	S	Y	J	C	Y	S	V	D
U	B	I	D	S	D	D	Y	D	I	S	H	D	M	P	Y
G	M	P	X	P	K	W	P	A	R	P	T	D	I	V	R
M	F	H	Z	W	S	W	Y	D	F	O	E	W	G	S	E
K	Y	S	L	L	E	D	R	E	D	U	Q	R	X	F	S

ASTEROID
SERYDDIAETH
SERYDDWR
AWYRGYLCH
ORBIT
LLEDRED
SIDYDD
TYWYLLWCH
CYHYDEDD
HEMISFFER
AWYR
GORWEL
TILT
COSMIG
HYDRED
LLEUAD
GALAETH
TELESGOP
GWELADWY
ATEB

13 - Wiskunde

Z	J	D	L	E	R	R	V	F	G	F	O	Z	P	X	Z
R	L	R	D	W	A	A	V	T	P	F	P	O	O	C	S
D	H	V	Z	B	L	D	A	Z	H	R	U	G	L	D	W
E	I	I	W	U	W	I	N	T	S	A	T	W	Y	N	A
M	W	S	F	N	C	W	V	Q	G	C	J	K	G	L	G
A	T	C	G	Y	I	S	U	L	C	S	M	D	O	G	T
I	C	Y	S	G	D	P	N	X	E	I	J	M	N	R	R
D	J	F	D	E	N	D	A	P	Y	W	X	Q	F	A	I
A	O	R	W	R	E	H	E	P	V	N	T	P	S	D	O
I	W	O	Q	T	P	F	X	G	D	L	O	F	S	D	N
L	O	L	E	E	R	D	O	D	E	G	O	L	G	A	G
A	N	C	Y	M	E	S	U	R	E	D	D	G	W	U	L
F	G	L	Y	O	B	P	E	T	R	Y	A	L	Â	X	T
A	L	B	C	E	C	Y	L	C	H	E	D	D	R	J	P
H	A	N	T	G	O	R	H	C	O	F	Y	C	W	T	S
L	U	J	P	A	R	A	L	E	L	O	G	R	A	M	S

DEGOL
DIAMEDR
TRIONGL
FFRACSIWN
GEOMETREG
GRADDAU
ONGLAU
BERPENDICWLAR
CYLCHEDD
CYFOCHROG
PARALELOGRAM
PETRYAL
RHIFYDDEG
SWM
RADIWS
CYMESUREDD
POLYGON
HAFALIAD
SGWÂR
CYFROL

14 - Gezondheid en Welzijn #1

G	S	B	M	G	O	T	M	J	F	I	S	Z	L	Q	C
M	Q	A	P	E	O	E	R	E	D	H	C	U	L	D	I
M	R	C	M	W	D	I	O	I	C	A	L	M	Y	Y	V
W	H	T	R	G	X	D	Q	K	N	Z	J	W	W	R	Q
Q	E	E	F	S	U	Y	Y	O	Y	I	Z	M	T	E	D
B	X	R	D	J	K	K	W	G	W	C	A	R	J	A	M
K	S	I	X	D	E	G	U	S	E	F	K	E	N	S	D
F	W	A	Z	J	Z	O	H	O	N	J	J	P	T	C	L
A	T	G	Y	R	C	H	C	Y	H	Y	R	A	U	H	O
Z	J	G	J	Y	Q	Y	M	A	H	T	M	A	R	J	J
M	E	D	D	Y	G	A	E	T	H	A	F	C	E	C	G
A	S	X	C	R	O	E	N	Z	I	N	F	U	P	D	N
I	R	H	O	R	M	O	N	A	U	A	F	R	E	N	J
Y	A	F	L	L	Y	R	E	F	F	F	N	T	E	U	O
L	O	D	E	R	H	T	I	E	W	G	I	N	I	L	C
C	K	V	Q	R	T	H	E	R	A	P	I	R	X	B	Y

GWEITHREDOL
FFERYLLFA
BACTERIA
TRINIAETH
TWYLL
MEDDYG
ARFER
NEWYN
UCHDER
HORMONAU
OSGO
CROEN
CLINIG
ANAF
MEDDYGAETH
YMLACIO
ATGYRCH
CYHYRAU
THERAPI
NERFAU

15 - Camping

H	N	R	E	S	U	L	L	E	Z	P	L	C	N	P	C
M	A	A	L	E	H	O	R	N	F	A	L	O	W	N	H
K	Y	M	T	C	A	N	Ŵ	E	M	B	E	E	B	D	J
R	H	N	M	U	R	J	W	Z	K	E	U	D	H	V	J
U	Y	Â	Y	O	R	U	T	N	A	L	A	Q	I	J	B
W	N	T	B	D	C	D	H	A	I	L	D	L	L	Y	N
N	M	M	J	W	D	K	E	B	R	H	A	F	F	Q	Z
K	J	Q	Y	A	V	V	T	A	S	D	E	G	T	K	P
K	A	O	Y	P	A	M	G	C	I	R	M	R	E	W	J
V	V	Q	O	M	O	Q	V	R	G	V	D	T	C	U	Y
L	Q	Q	P	W	K	B	W	L	K	Z	I	M	B	C	Y
F	Q	B	M	C	V	G	F	N	Y	A	H	U	O	K	J
M	J	Y	B	K	A	N	I	F	E	I	L	I	A	I	D
P	C	Y	T	I	Z	M	J	P	F	R	A	X	U	L	F
C	O	E	D	W	I	G	P	R	Y	F	E	D	Y	V	U
Y	K	T	Y	C	O	T	S	U	V	L	H	E	G	N	P

ANTUR
MYNYDD
COED
COEDWIG
TÂN
CABAN
ANIFEILIAID
HAMMOCK
HET
PRYFED
HELA
MAP
CANŴ
CWMPAWD
LLUSERN
LLEUAD
LLYN
NATUR
PABELL
RHAFF

16 - Algebra

T	Y	N	N	U	P	C	R	A	L	U	G	C	Y	H	O
D	L	O	N	I	L	L	Y	X	E	O	J	R	R	G	Z
P	M	I	G	W	B	C	O	D	M	Y	W	Z	N	O	B
D	N	D	P	A	R	E	N	T	H	E	S	I	S	O	H
Z	A	D	R	O	E	X	T	N	S	P	U	W	Y	Z	S
I	M	I	W	A	P	G	Z	A	R	H	V	J	R	O	E
Z	A	E	N	E	W	I	D	Y	N	V	T	P	T	O	R
B	T	L	P	T	H	A	F	A	L	I	A	D	A	E	O
R	R	M	W	N	W	I	S	C	A	R	F	F	D	B	W
O	I	Y	A	I	E	D	S	Q	N	W	L	H	Y	I	V
B	C	S	B	A	M	C	C	W	J	J	Y	V	P	S	S
L	S	L	H	M	G	R	F	D	M	A	R	G	A	I	D
E	O	Z	I	Z	O	R	O	T	C	A	F	F	U	X	V
M	O	W	B	L	W	Z	M	F	F	A	R	G	W	Q	K
Z	J	C	M	A	Q	R	P	S	F	Y	P	Q	J	R	H
A	N	F	E	I	D	R	O	L	F	F	U	G	D	S	C

TYNNU
DIAGRAM
FFACTOR
FFORMIWLA
FFRACSIWN
GRAFF
PARENTHESIS
MAINT
LLINOL
MATRICS
SERO
ANFEIDROL
DATRYS
ATEB
BROBLEM
SWM
FFUG
NEWIDYN
SYMLEIDDIO
HAFALIAD

17 - Activiteiten

Q	U	C	A	P	W	H	F	D	G	M	A	D	A	J	D
D	D	E	R	A	G	H	T	I	E	W	G	A	L	E	H
G	I	Z	V	D	U	L	N	D	H	U	D	W	L	U	C
C	R	E	F	F	T	A	U	D	N	A	M	N	Y	G	P
Y	E	W	I	I	Q	A	P	O	M	M	C	S	S	N	D
U	N	U	Y	I	O	Z	L	R	Z	E	E	I	R	S	T
H	A	M	D	D	E	N	E	D	M	G	R	O	E	A	Q
G	Y	W	R	T	O	V	S	E	H	I	A	I	W	X	B
P	S	X	G	C	V	S	E	B	I	E	M	C	G	E	C
C	C	N	O	I	D	D	R	A	G	D	E	A	B	T	R
Z	E	P	O	S	A	U	O	U	T	M	G	L	R	D	C
L	N	L	W	O	X	V	I	R	D	O	M	M	C	J	K
G	D	H	F	V	U	H	E	L	B	R	G	Y	S	W	F
V	S	G	W	N	Ï	O	I	C	I	E	H	S	W	M	U
M	Y	A	J	H	Y	D	M	T	V	Q	T	V	Y	T	L
D	A	R	L	L	E	N	J	T	V	B	P	Z	W	P	A

GWEITHGAREDD
CREFFTAU
DIDDORDEBAU
GWAU
DAWNSIO
GEMAU
PYSGOTA
HELA
GWERSYLLA
CERAMEG
CELF
DARLLEN
HUD
GWNÏO
YMLACIO
PLESER
POSAU
GARDDIO
HAMDDEN
HEICIO

18 - Astronomie

V	C	Q	I	Y	Y	G	O	M	E	D	E	N	A	L	B
L	K	V	M	L	M	Z	I	D	I	O	R	E	T	S	A
T	T	P	F	K	B	C	A	S	U	O	O	Q	Z	E	D
Y	P	I	D	B	E	L	O	S	I	C	S	U	Z	J	I
A	O	V	C	N	L	D	L	S	Z	L	J	I	X	N	S
B	G	C	T	P	Y	V	Q	C	M	A	A	N	D	F	G
M	S	R	W	D	D	Y	R	E	S	O	P	O	P	A	Y
I	E	E	F	T	R	E	S	T	Y	C	S	X	R	C	R
Q	L	T	H	A	E	L	F	S	N	G	I	B	A	G	C
L	E	L	E	A	D	W	A	S	Y	D	Y	B	B	Y	H
L	T	L	X	O	D	S	U	P	S	D	V	E	P	U	I
O	P	E	R	B	R	A	E	A	D	D	S	H	D	Y	A
E	A	U	U	S	K	F	A	R	W	D	O	F	O	G	N
R	P	A	L	U	B	E	N	I	E	N	T	L	I	M	T
E	W	D	R	O	C	E	D	F	C	N	V	K	R	M	X
N	X	Z	C	P	M	O	B	A	R	S	Y	L	L	F	A

DDAEAR
ASTEROID
GOFODWR
SERYDDWR
EQUINOX
GOMED
COSMOS
LLEUAD
METEOR
NEBULA
ARSYLLFA
BLANED
ROCED
LLOEREN
SEREN
CYTSER
YMBELYDREDD
TELESGOP
BYDYSAWD
DISGYRCHIANT

19 - Emoties

O	H	L	B	L	C	Y	N	N	W	Y	S	A	T	V	C
B	F	D	P	L	V	H	A	M	D	D	E	N	O	L	A
P	M	N	F	A	B	C	H	E	D	D	W	C	H	P	R
U	M	G	S	W	L	W	D	R	M	R	Z	R	X	Z	E
O	D	Y	E	E	A	T	I	Z	C	C	A	R	U	K	D
D	I	F	L	N	E	S	O	H	Y	Y	K	V	V	W	I
A	F	F	L	Y	D	I	L	B	D	Y	F	N	Y	W	G
W	L	R	O	D	X	R	C	B	Y	T	G	S	M	E	R
E	A	O	N	D	O	T	H	U	M	Y	W	U	H	S	W
L	S	U	Y	O	W	D	G	J	D	N	Z	M	L	Y	Y
A	T	S	D	D	L	D	A	N	E	E	E	B	E	N	D
R	O	I	D	N	K	D	R	P	I	R	U	C	G	O	D
L	D	Q	W	Y	A	U	O	Q	M	W	B	R	W	W	O
B	M	G	C	S	J	M	Z	F	L	C	C	F	N	E	L
T	O	A	H	A	J	Q	M	B	A	H	D	V	B	D	Y
R	H	Y	D	D	H	A	D	K	D	D	I	C	T	E	R

OFN
DIOLCHGAR
TRISTWCH
WYNFYD
CYNNWYS
DAWEL
CARU
HAMDDENOL
GYFFROUS
RHYDDHAD
LLONYDDWCH
CYDYMDEIMLAD
TYNERWCH
FODLON
SYNDOD
DIFLASTOD
HEDDWCH
LLAWENYDD
CAREDIGRWYDD
DICTER

20 - Vakantie #2

L	C	W	G	G	N	A	Q	T	Z	R	P	V	O	H	N
B	V	Y	K	W	Q	N	H	R	O	M	A	R	T	A	P
L	H	T	R	V	Y	Z	O	O	B	T	M	Ô	K	M	Y
B	X	S	T	C	H	L	V	B	G	N	L	M	G	D	G
J	Y	E	A	L	H	F	I	S	C	A	T	Z	J	D	W
Y	V	W	I	U	T	F	L	A	S	I	F	J	Y	E	E
O	G	G	T	F	E	K	A	P	U	D	T	B	P	N	R
T	P	T	H	M	A	Y	R	N	O	U	E	H	M	A	S
B	Y	K	G	E	R	E	V	O	L	L	E	B	A	P	Y
H	B	N	E	L	T	S	W	R	Q	C	W	A	S	C	L
B	D	T	Y	Y	H	V	G	E	S	T	R	O	N	A	L
R	A	R	P	S	J	G	R	T	W	B	W	Y	T	Y	A
M	A	E	S	A	W	Y	R	S	K	M	C	A	H	J	Z
E	M	I	C	J	I	L	X	G	N	Z	U	C	X	I	W
P	S	V	C	S	F	D	B	E	B	O	Y	X	G	M	E
A	L	E	C	J	Q	Y	I	X	J	K	S	D	U	F	F

CYRCHFAN
ESTRON
TRAMOR
YNYS
GWESTY
MAP
GWERSYLLA
MAES AWYR
PASBORT
TAITH
AMHEUON
BWYTY
TRAETH
TACSI
PABELL
GWYLIAU
CLUDIANT
FISA
HAMDDEN
MÔR

21 - Weersomstandigheden

M	Q	T	S	C	U	B	A	U	V	X	E	N	F	Y	S
O	T	R	T	N	Y	W	G	W	C	W	M	W	L	S	T
N	D	C	O	V	X	W	Z	F	Y	C	Y	M	L	S	O
S	P	G	R	J	I	L	Q	H	L	R	T	Z	G	D	R
Ŵ	N	O	M	R	L	X	Y	V	L	W	G	B	W	L	N
N	V	I	L	M	X	J	X	C	I	X	M	Y	V	I	A
G	U	W	W	A	S	Y	C	H	F	S	X	L	L	O	D
U	T	H	U	L	R	G	S	D	O	V	H	M	G	C	O
T	Y	M	H	E	R	E	D	D	G	I	N	Z	M	B	H
T	R	O	F	A	N	N	O	L	Y	Â	S	W	C	X	T
N	E	G	R	V	Z	P	T	X	D	G	P	A	E	G	Z
Y	D	R	C	F	K	K	Z	T	D	M	E	L	L	T	M
W	H	Z	N	Z	X	K	G	N	A	W	Y	R	A	A	G
R	C	H	I	N	S	A	W	D	D	J	V	R	O	R	T
O	Y	R	J	X	M	D	A	Z	L	V	O	O	G	T	C
C	S	H	M	O	O	E	O	W	T	A	R	A	N	A	U

AWYRGYLCH
MELLT
TARANAU
SYCH
SYCHDER
AWYR
IÂ
HINSAWDD
NIWL
MONSŴN

CORWYNT
LLIFOGYDD
POLAR
ENFYS
STORM
TYMHEREDD
TORNADO
TROFANNOL
GWYNT
CWMWL

22 - Eten #2

C	V	H	G	S	R	B	G	K	G	O	S	R	G	C	B
Y	G	C	A	W	S	U	R	G	Q	A	F	A	L	A	R
W	O	A	R	M	E	P	U	D	I	R	S	I	R	W	O
I	C	E	A	E	Q	N	I	W	N	W	A	R	G	S	C
Â	L	P	B	J	U	O	I	Z	X	S	N	A	E	J	O
R	A	N	E	T	O	M	G	T	L	T	A	B	G	Y	L
L	O	Z	V	B	T	L	W	H	H	K	N	W	G	J	I
U	P	Y	J	K	J	A	Y	Y	W	F	A	A	P	G	E
M	G	U	Y	N	I	K	T	S	K	W	B	Y	L	X	C
T	L	K	N	M	T	S	I	O	C	L	E	D	A	G	N
I	O	G	W	R	T	Z	P	A	Q	R	E	O	N	G	Q
C	O	K	H	N	K	L	P	U	N	E	F	G	T	B	H
P	I	H	K	D	C	W	L	A	V	I	T	S	J	P	X
E	S	W	G	A	R	A	B	S	A	S	K	Y	E	K	I
K	G	X	I	T	O	M	A	T	O	Y	P	P	G	X	Q
V	G	L	K	W	Y	A	W	Q	V	R	L	W	S	B	B

ALMON
AFAL
ASBARAGWS
EGGPLANT
BANANA
BROCOLI
BARA
SIOCLED
GRAWNWIN
WY
HAM
CAWS
CYW IÂR
CIWI
PEACH
REIS
GWENITH
TOMATO
PYSGOD
IOGWRT

23 - Klimmen

B	H	G	M	G	C	Y	Q	M	C	M	A	H	H	C	U
Y	E	C	C	M	F	T	U	H	R	A	R	Y	E	H	R
G	R	U	L	U	N	H	Y	N	Y	P	B	F	I	W	F
D	I	O	R	Y	L	N	O	P	F	G	E	F	C	I	W
U	A	I	D	I	G	S	E	Z	D	A	N	O	I	L	P
T	U	X	K	K	O	R	I	T	E	L	I	R	O	F	T
B	E	Q	K	C	F	F	Y	H	R	W	G	D	P	R	P
F	F	U	E	M	L	H	S	W	T	B	W	D	I	Y	X
U	D	U	R	E	D	H	C	U	A	R	R	I	C	D	L
S	Y	T	Z	N	H	G	N	F	Q	C	T	A	P	E	E
C	N	R	S	I	S	P	O	H	E	L	M	N	I	D	W
S	O	M	C	G	O	W	G	Z	C	L	A	T	H	D	W
I	D	D	Y	W	R	G	O	L	D	Y	F	E	S	X	N
F	B	S	L	O	R	O	F	F	R	O	C	M	Z	F	O
C	A	N	L	L	A	W	I	A	U	P	T	C	O	O	T
D	V	H	F	S	S	G	P	N	C	M	A	N	A	F	Z

AWYRGYLCH
ARBENIGWR
CORFFOROL
CANLLAWIAU
OGOF
MENIG
HELM
UCHDER
MAP
CRYFDER
ESGIDIAU
ANAF
CHWILFRYDEDD
HYFFORDDIANT
CUL
SEFYDLOGRWYDD
TIR
HERIAU
HEICIO

24 - Geologie

T	S	F	O	O	F	W	N	J	M	G	P	U	J	Q	H
K	A	T	F	C	W	R	E	L	W	E	F	S	V	M	A
M	Q	W	A	O	R	I	L	Y	Y	Y	L	U	S	L	E
C	N	U	D	L	S	G	A	R	N	S	B	H	M	I	N
C	Z	V	A	D	A	I	H	L	A	E	R	Y	S	R	Y
T	E	O	T	M	V	C	L	E	U	R	T	N	C	C	R
J	O	R	S	D	V	D	T	H	W	L	R	P	R	T	G
F	C	W	A	R	T	S	D	I	L	K	W	M	E	C	R
K	B	I	W	R	C	O	Z	M	T	M	Y	S	X	A	A
D	X	X	G	E	R	R	A	C	I	E	Z	O	H	A	E
C	Y	F	A	N	D	I	R	V	W	U	K	Z	E	T	A
L	L	O	S	G	F	Y	N	Y	D	D	M	H	E	I	D
Y	G	G	G	J	T	W	C	O	R	M	A	S	I	D	J
J	D	O	C	J	A	M	L	A	F	A	N	P	I	K	K
A	J	C	A	L	S	I	W	M	O	F	L	F	F	B	G
C	R	I	S	I	A	L	A	U	D	R	P	A	R	T	H

DAEARGRYN
CALSIWM
CYFANDIR
FFOSIL
GEYSER
TAWDD
OGOF
CWREL
CRISIALAU
CWARTS
HAEN
LAFA
MWYNAU
GWASTAD
STALACTITE
CARREG
LLOSGFYNYDD
PARTH
HALEN
ASID

25 - Specerijen

N	W	W	O	J	H	B	F	A	P	S	G	O	R	G	I
D	Y	B	F	W	A	B	S	A	L	B	S	F	I	V	M
W	Y	T	Y	D	L	X	C	L	G	S	B	Y	S	G	E
J	N	G	M	P	E	U	S	I	N	A	M	O	N	W	W
S	Q	U	K	E	N	M	Y	N	O	I	O	O	I	G	I
A	A	T	F	S	G	O	L	A	Z	R	M	Q	S	A	N
F	M	Q	D	I	E	M	E	F	V	Y	A	W	A	R	M
F	Y	P	B	N	O	V	M	A	A	C	D	V	C	L	C
R	H	P	P	A	X	C	O	F	V	E	R	G	Y	L	O
W	B	I	T	R	X	A	K	I	R	P	A	P	E	E	R
M	U	A	N	O	Q	E	P	W	L	W	C	O	W	G	I
X	H	M	Y	Y	R	Z	K	U	Z	E	D	K	H	S	A
V	M	F	F	E	N	I	G	L	P	U	M	S	A	L	N
U	N	I	O	N	Z	U	Y	G	N	U	D	Y	U	O	D
Y	Y	V	C	I	J	C	V	D	K	A	R	L	K	V	E
C	H	W	E	R	W	A	Y	Y	R	X	F	L	Z	P	R

ANISE
CHWERW
SINSIR
SINAMON
CARDAMOM
CYRI
GARLLEG
CWMIN
CORIANDER
EWIN
NYTMEG
PAPRIKA
PUPUR
SAFFRWM
BLAS
UNION
FANILA
FFENIGL
MELYS
HALEN

26 - Groenten

A	T	V	M	U	N	I	O	N	O	R	O	M	L	S	S
G	T	F	R	J	D	R	T	E	Y	I	E	G	D	G	T
Q	H	F	B	L	D	O	A	P	D	A	T	Y	X	E	R
T	C	F	M	J	Y	C	M	M	C	W	X	W	O	L	F
Q	A	I	Y	S	W	L	O	W	B	I	H	M	F	L	N
J	P	T	C	Y	E	H	T	P	S	I	N	S	I	R	O
O	M	O	W	P	L	L	Q	M	N	P	E	Y	L	A	A
H	A	V	I	S	O	M	E	B	P	E	G	L	O	G	M
S	G	V	C	Q	J	W	A	R	Z	R	G	G	C	O	A
I	A	N	U	V	E	E	O	M	I	S	P	O	O	I	I
D	I	L	B	U	B	Z	U	A	K	L	L	G	R	S	P
A	H	V	A	X	R	D	L	L	R	I	A	I	B	I	X
R	U	P	W	D	I	H	P	N	U	O	N	B	B	T	F
W	P	M	A	D	A	R	C	H	L	F	T	S	E	R	V
M	M	N	H	U	T	L	T	Q	X	E	Q	J	M	A	H
D	I	C	Y	N	Y	Z	G	V	T	R	X	P	Q	M	F

TATWS
ARTISIOG
EGGPLANT
BROCOLI
PYS
SINSIR
GARLLEG
CIWCYMBR
OLEWYDD
MADARCH
PERSLI
PWMPEN
MAIP
RADISH
SALAD
SELERI
SBIGOGLYS
TOMATO
UNION
MORON

27 - Archeologie

D	G	W	R	T	H	R	Y	C	H	A	U	T	G	D	Z
J	I	C	W	S	A	G	H	Q	B	A	X	Î	W	A	B
L	I	S	O	F	F	R	I	A	R	C	O	M	E	D	O
Y	S	Y	G	S	U	T	B	A	G	V	W	V	R	A	W
Z	J	B	O	Y	A	I	R	E	J	R	T	E	T	N	Y
K	C	S	Q	H	N	L	F	L	N	A	P	Q	H	S	M
R	H	Y	V	S	R	N	U	M	N	I	D	E	U	O	C
Z	T	H	Z	X	A	Z	Y	E	E	M	G	M	S	D	H
K	E	N	B	E	D	D	Z	D	L	S	E	W	O	D	W
L	A	A	S	E	M	X	V	O	D	N	G	X	R	I	I
D	I	R	G	E	L	W	C	H	H	U	I	Y	Z	A	L
U	F	G	W	A	R	E	I	D	D	I	A	D	R	D	Y
C	A	N	F	Y	D	D	I	A	D	A	U	G	D	N	D
T	N	C	Y	F	N	O	D	Q	V	O	S	A	D	G	D
D	Y	V	A	N	G	H	O	F	I	O	L	H	U	D	U
K	H	Q	D	I	J	U	R	L	V	P	Z	X	I	M	Q

DADANSODDIAD
GWAREIDDIAD
CANFYDDIADAU
ESGYRN
ARBENIGWR
GWERTHUSO
FFOSIL
DARNAU
BEDD
DIRGELWCH

DISGYNNYDD
GWRTHRYCHAU
ANHYSBYS
YMCHWILYDD
HYNAFIAETH
CRAIR
TÎM
DEML
CYFNOD
ANGHOFIO

28 - Dans

G	W	E	L	E	D	O	L	N	M	T	A	V	C	B	A
U	H	T	E	A	I	R	O	D	D	R	E	C	I	P	C
O	S	G	O	X	L	Z	H	N	A	A	M	S	C	A	A
D	T	N	A	I	L	L	Y	W	I	D	V	Z	L	R	D
H	T	L	J	P	A	H	B	I	D	D	D	Z	A	T	E
U	D	V	O	K	W	O	W	S	U	O	P	W	S	N	M
J	V	K	N	N	E	Z	Q	O	M	D	R	B	U	E	I
R	E	P	J	G	N	Y	E	M	Y	I	D	B	R	R	D
N	L	L	W	D	R	A	T	E	S	A	K	T	O	D	Y
R	H	Y	T	H	M	A	I	T	Q	D	P	C	L	B	N
C	O	R	F	F	A	I	S	G	U	O	Y	C	D	V	E
Y	K	I	C	L	E	G	L	M	E	L	M	V	H	F	I
G	N	R	E	V	F	Q	V	L	N	N	Y	I	Z	U	D
N	V	O	L	O	N	N	A	I	L	L	Y	W	I	D	I
A	I	F	F	A	R	G	O	E	R	O	C	M	C	J	O
R	V	O	G	Y	M	A	R	F	E	R	F	J	J	W	X

ACADEMI
SYMUDIAD
LLAWEN
COREOGRAFFI
DIWYLLIANNOL
DIWYLLIANT
EMOSIWN
MYNEGIANNOL
GRAS
OSGO
CLASUROL
CELF
CORFF
CERDDORIAETH
PARTNER
YMARFER
RHYTHM
NEIDIO
TRADDODIADOL
GWELEDOL

29 - Ziekte

E	S	D	G	E	D	G	I	G	I	C	R	O	N	I	G
S	U	Y	B	L	H	W	E	E	M	M	N	G	P	E	Q
G	T	K	N	I	F	A	C	N	I	E	I	A	D	L	J
Y	N	L	A	D	F	N	H	E	W	I	W	L	T	F	I
R	I	P	H	N	R	U	Y	T	N	N	R	O	H	P	C
N	E	M	Y	Y	O	O	D	I	E	G	O	N	E	A	M
A	H	Z	I	Q	C	A	M	G	D	E	P	H	R	T	M
Q	Q	Z	K	Y	S	L	W	K	D	F	A	M	A	H	X
W	D	L	R	A	O	E	O	G	X	N	T	Q	P	O	D
W	P	L	N	X	S	R	G	D	P	O	H	C	I	G	T
O	E	J	X	N	E	G	C	Y	D	L	E	I	B	E	O
A	T	E	B	O	L	E	S	I	Q	E	G	Y	H	N	Z
I	A	W	F	J	R	D	V	J	L	E	F	S	R	A	W
W	D	D	I	L	L	D	D	S	S	T	V	I	Y	U	U
N	T	H	N	C	O	A	G	O	P	F	O	A	T	N	Y
K	C	J	A	S	A	U	E	G	Y	M	P	T	S	E	E

ACIWT
ATEBOL
ALERGEDDAU
HEINTUS
ESGYRN
CRONIG
ETIFEDDOL
GENETIG
IECHYD
GALON
IMIWNEDD
MEINGEFNOL
CORFF
NIWROPATHEG
LLID
SYNDROM
THERAPI
PATHOGENAU
GWAN

30 - Immigratie

S	D	G	N	K	V	X	H	T	I	A	I	D	N	C	F
S	W	Y	T	R	A	F	O	D	A	H	G	B	V	Y	F
I	E	Y	D	C	Y	L	L	I	D	I	Q	Y	B	M	I
F	P	W	D	D	G	W	E	I	N	Y	D	D	U	E	N
V	Y	V	J	D	I	N	F	M	T	L	C	C	A	R	I
Q	O	D	P	N	O	A	D	A	Y	F	Y	Y	N	A	A
H	U	Q	N	O	T	G	D	S	T	F	F	M	N	D	U
A	N	U	F	I	E	X	T	C	N	M	A	O	E	W	L
S	E	F	Y	L	L	F	A	C	A	P	T	R	F	Y	E
U	A	S	E	O	U	N	Z	Y	L	U	H	T	G	A	G
S	R	R	Q	D	L	Z	L	F	P	S	R	H	O	E	O
Y	T	R	B	E	T	A	Q	R	K	Y	E	X	D	T	I
F	S	Z	Z	O	L	X	G	A	L	N	B	W	V	H	D
Y	S	A	A	V	B	S	H	I	N	Q	U	U	K	D	V
T	A	Z	H	K	D	B	A	T	Y	D	V	B	N	J	R
U	T	D	D	R	Y	E	O	H	T	S	O	Z	F	A	N

GWEINYDDU
DIOGELU
CYFATHREBU
DOGFENNAU
CYLLID
CYMERADWYAETH
FFINIAU
TAI
CYMORTH
PLANT
SWYDDOG
TRAFOD
ATEB
SEFYLLFA
STRAEN
IAITH
DYDDIAD CAU
OEDOLION
CYFRAITH

31 - Mythologie

H	N	E	F	O	E	D	D	Q	B	V	Z	N	B	S	H
C	U	U	A	D	U	H	G	R	C	Z	Y	E	W	P	C
R	Q	D	D	X	I	S	Z	X	K	L	W	B	C	T	V
E	L	T	O	Q	G	U	D	U	M	U	K	C	L	V	K
A	B	D	F	L	W	D	D	E	M	C	H	W	E	D	L
D	E	A	D	A	T	Y	R	M	V	N	E	C	B	Y	D
U	N	I	Y	C	R	E	U	A	A	R	W	R	E	S	I
R	I	G	N	S	P	Q	A	R	X	P	X	D	D	W	A
R	H	Y	F	E	L	W	R	W	R	A	B	U	L	W	L
L	C	D	Y	K	G	A	P	O	Z	N	J	Z	O	Z	D
I	Y	D	T	N	A	I	L	L	Y	W	I	D	W	Q	U
E	R	M	J	V	Q	W	F	D	U	T	Z	J	R	B	S
G	T	Y	M	E	L	L	T	N	B	N	N	X	A	X	P
C	R	Y	F	D	E	R	T	P	E	V	Y	B	F	J	T
L	A	B	Y	R	I	N	T	H	K	C	C	C	N	L	Y
O	C	A	N	G	H	E	N	F	I	L	A	N	A	Z	S

MELLT
CREU
DIWYLLIANT
MEDDWL
LABYRINTH
YMDDYGIAD
ARWR
ARWRES
NEFOEDD
CENFIGEN
CRYFDER
RHYFELWR
CHWEDL
HUDOL
ANGHENFIL
ANFARWOLDEB
TRYCHINEB
MARWOL
CREADUR
DIAL

32 - Eten #1

M	J	Q	M	K	C	Z	O	A	B	K	L	W	U	I	S
S	O	W	Q	C	N	O	I	N	U	A	T	I	Q	J	R
E	U	R	T	D	A	L	A	S	K	X	S	S	I	K	I
W	S	J	O	S	U	M	S	I	W	G	R	I	A	S	W
S	L	V	Y	N	D	D	I	A	H	P	X	C	L	I	F
D	E	D	C	R	A	B	R	I	C	Y	L	L	W	N	S
X	M	Z	C	V	E	T	I	W	N	A	G	D	A	A	B
L	O	U	P	Z	A	P	W	K	K	G	B	D	C	M	I
F	N	J	F	Q	R	L	V	F	M	E	F	U	S	O	G
G	E	L	L	Y	G	F	Y	Q	I	L	Y	S	T	N	O
I	L	C	U	G	X	F	D	W	R	L	L	Z	O	E	G
C	A	S	L	B	Q	R	S	D	I	R	M	A	Z	A	L
F	H	G	F	K	M	B	A	M	O	A	X	U	E	R	Y
I	E	Z	K	C	M	X	C	N	A	G	C	Y	G	T	S
H	B	A	G	C	G	J	H	A	G	G	A	O	X	R	H
G	Y	G	A	B	T	N	P	S	C	X	U	O	C	N	D

MEFUS
BRICYLL
BASIL
LEMON
HAIDD
SINAMON
GARLLEG
LLAETH
GELLYG
CNAU DAEAR
SALAD
SUDD
CAWL
SBIGOGLYS
SIWGR
TIWNA
UNION
CIG
MORON
HALEN

33 - Avontuur

W	V	A	N	A	R	F	E	R	O	L	O	V	S	Y	B
Y	D	E	W	R	D	E	R	U	T	A	N	R	C	S	R
R	B	F	G	W	E	I	T	H	G	A	R	E	D	D	W
H	E	R	I	A	U	O	Y	A	O	Y	T	L	S	F	D
M	T	H	T	I	A	D	B	I	W	G	S	L	C	F	F
Y	U	S	S	H	F	N	S	E	B	E	Y	Y	Y	R	R
A	Q	L	Y	H	M	D	H	K	H	C	N	W	R	I	Y
P	A	R	A	T	O	I	U	A	C	Z	D	I	C	N	D
T	E	I	T	H	I	O	X	U	W	U	O	O	H	D	E
R	H	C	W	L	E	G	O	I	D	S	D	G	F	I	D
U	K	J	Q	Y	Q	D	L	J	D	F	T	E	A	A	D
E	N	G	H	K	J	D	Y	N	R	H	M	E	N	U	Q
L	L	A	W	E	N	Y	D	D	A	H	G	W	R	T	E
F	R	K	Z	H	U	W	G	Q	H	W	T	V	M	T	V
Y	P	L	D	F	X	E	P	E	R	Y	G	L	U	S	I
C	K	R	O	N	P	N	F	H	Y	W	M	Q	U	Q	P

GWEITHGAREDD
CYRCHFAN
BRWDFRYDEDD
GWIBDAITH
PERYGLUS
CYFLE
DEWRDER
ANHAWSTER
NATUR
LLYWIO
NEWYDD
ANARFEROL
TEITHIO
HARDDWCH
HERIAU
DIOGELWCH
SYNDOD
PARATOI
LLAWENYDD
FFRINDIAU

34 - De Media

F	B	X	P	M	V	B	I	M	H	I	A	Q	H	S	V
C	A	D	D	Y	S	G	Q	A	Y	S	G	C	U	U	W
D	Y	P	Q	C	L	Z	R	S	S	E	W	R	N	B	N
E	F	H	L	C	G	T	W	N	B	A	E	A	H	P	L
A	F	T	O	W	B	N	R	A	Y	K	D	D	G	L	W
L	E	I	G	E	L	A	B	C	S	D	D	I	J	Q	C
L	I	A	I	V	D	I	U	H	E	I	A	O	C	P	Y
U	T	W	N	T	A	D	E	O	B	G	U	D	Y	S	L
S	H	D	U	R	I	Y	U	L	I	I	D	W	F	B	L
O	I	Y	R	K	F	W	L	S	O	D	E	L	A	A	I
L	A	W	D	V	F	I	C	O	N	O	L	Q	T	R	D
L	U	H	I	I	A	D	B	W	I	L	E	Z	H	N	Y
K	L	R	D	H	R	P	S	L	E	V	T	H	R	Y	R
O	I	E	Z	R	G	J	B	J	L	J	O	I	E	H	D
K	M	G	O	Z	R	S	O	U	R	B	G	Z	B	O	D
D	Q	E	N	L	A	Z	N	D	A	O	G	I	U	O	K

HYSBYSEBION
MASNACHOL
CYFATHREBU
DIGIDOL
ARGRAFFIAD
FFEITHIAU
CYLLID
AGWEDDAU
UNIGOL
DIWYDIANT
DEALLUSOL
LLEOL
BARN
RHWYDWAITH
ADDYSG
AR-LEIN
CYHOEDDUS
RADIO
TELEDU

35 - Bijen

R	W	Z	P	X	J	G	F	V	K	S	S	O	J	W	N
P	S	J	B	G	J	D	A	F	O	P	Y	H	E	C	V
M	E	P	R	Y	F	E	D	R	R	V	D	A	Z	C	C
K	N	I	C	R	W	Z	G	D	D	W	A	U	M	U	Q
A	I	K	L	Ê	M	Q	P	Q	O	D	Y	L	I	M	C
M	H	H	L	L	C	Y	N	E	F	I	N	T	J	E	W
W	N	B	I	O	I	C	W	Y	R	I	D	G	H	T	C
G	E	L	A	I	N	O	K	V	C	P	R	J	O	S	H
J	R	O	P	D	Y	W	B	J	J	B	L	O	D	Y	N
Q	B	D	Y	D	Q	U	V	B	O	N	X	E	D	S	J
I	H	A	P	U	R	B	D	T	P	F	D	M	Y	O	C
N	H	U	V	B	H	A	I	D	M	U	V	U	N	C	J
K	S	V	V	R	G	E	T	C	A	M	M	J	E	E	B
P	B	Q	L	F	U	C	T	S	F	R	Z	I	D	S	V
H	W	O	H	H	T	E	A	I	W	Y	R	M	A	T	W
Q	A	P	V	B	H	G	A	D	Q	V	F	J	C	A	B

PEILLIO
CWCH
BLODAU
BLODYN
AMRYWIAETH
ECOSYSTEM
FFRWYTH
CYNEFIN
MÊL
PRYFED
BRENHINES
MWG
PAILL
GARDD
ADENYDD
BWYD
BUDDIOL
CWYR
HAUL
HAID

36 - Wandelen

C	C	R	H	L	L	G	H	N	C	M	R	U	R	U	U
L	R	U	A	I	C	R	A	P	A	N	Z	N	W	V	S
O	X	T	D	L	N	P	I	B	G	P	C	U	L	G	K
G	B	A	F	N	N	S	G	H	Q	P	T	J	I	F	B
W	L	N	X	G	B	C	A	H	G	Y	I	C	O	E	G
Y	R	E	J	L	Q	Q	V	W	A	K	U	A	M	A	P
N	B	M	O	G	R	N	K	T	D	U	T	N	C	C	N
O	G	E	S	G	I	D	I	A	U	D	L	L	Y	E	L
R	I	O	T	A	R	A	P	D	Ŵ	R	L	L	F	R	I
S	D	R	H	P	B	I	T	L	U	B	Y	A	E	R	E
P	E	R	Y	G	L	O	N	Y	M	L	W	W	I	I	U
D	N	M	Y	N	Y	D	D	Z	W	R	G	I	R	G	S
Z	I	S	Z	R	V	G	Z	I	R	Y	G	A	I	L	K
A	L	L	Y	S	R	E	W	G	T	T	D	U	A	A	C
V	F	O	P	I	B	U	A	W	W	X	L	D	D	V	V
Y	H	Y	V	A	N	I	F	E	I	L	I	A	I	D	O

MYNYDD
ANIFEILIAID
PERYGLON
CANLLAWIAU
MAP
GWERSYLLA
CLOGWYN
HINSAWDD
ESGIDIAU
FLINEDIG

NATUR
CYFEIRIAD
PARCIAU
CERRIG
PARATOI
DŴR
TYWYDD
GWYLLT
HAUL
TRWM

37 - Ecologie

V	C	M	H	G	M	B	N	A	T	U	R	X	X	C	R
P	T	N	A	I	F	Y	T	S	Y	L	L	C	P	Y	H
K	V	E	R	U	K	D	M	O	R	O	L	G	A	N	Y
W	U	C	O	N	R	E	D	H	C	Y	S	O	I	A	W
H	P	Y	L	M	Y	A	X	F	Y	E	R	R	C	L	O
H	Y	N	F	J	F	N	R	X	Z	K	O	O	Y	I	G
P	V	E	O	H	C	G	N	K	A	I	G	E	M	A	A
S	Y	F	F	F	A	W	N	A	Y	R	T	S	U	D	E
L	O	I	R	U	T	A	N	I	I	W	G	I	N	W	T
Q	B	N	P	L	A	N	H	I	G	I	O	N	E	Y	H
A	M	R	Y	W	I	A	E	T	H	V	Q	H	D	V	A
Y	P	M	Y	N	Y	D	D	O	E	D	D	M	A	W	U
Q	R	O	R	H	I	N	S	A	W	D	D	N	U	G	F
G	W	I	R	F	O	D	D	O	L	W	Y	R	E	J	Y
O	F	K	R	R	C	T	G	X	G	R	Q	C	R	W	T
J	J	Q	O	X	B	I	Q	L	X	O	I	B	A	N	W

MYNYDDOEDD
AMRYWIAETH
SYCHDER
CYNALIADWY
FFAWNA
FLORA
CYMUNEDAU
BYD-EANG
CYNEFIN
HINSAWDD
MOROL
GORS
NATUR
NATURIOL
GOROESI
PLANHIGION
RHYWOGAETHAU
LLYSTYFIANT
GWIRFODDOLWYR

38 - Biologie

A	Z	M	E	T	P	B	Z	U	Z	F	E	J	C	C	O
X	Q	S	Q	U	R	R	A	A	P	U	N	C	O	R	S
R	V	I	I	K	M	E	O	C	R	H	S	N	L	O	M
F	T	S	E	N	L	W	I	T	T	K	Y	E	A	M	O
Y	G	O	Y	R	B	M	E	G	E	E	M	R	G	O	S
D	A	I	G	Y	L	B	S	E	L	I	R	F	E	S	I
B	B	B	Y	J	P	W	Y	M	L	A	N	I	N	O	S
N	O	M	R	O	H	D	X	O	E	J	D	L	A	M	A
O	Z	Y	N	F	D	E	P	T	C	F	B	O	X	A	B
R	E	S	B	I	R	A	D	A	E	T	H	I	B	O	D
W	S	F	Q	C	D	E	X	N	V	S	B	R	K	M	D
I	P	P	Q	A	F	D	I	A	I	G	S	U	L	M	Y
N	A	Q	W	U	G	R	J	N	B	M	B	T	A	M	E
U	N	Q	G	V	P	F	I	R	Z	V	P	A	M	E	R
F	Y	K	O	X	B	V	Q	C	A	L	O	N	A	I	O
G	S	O	I	P	Q	S	R	K	Q	V	K	M	M	U	I

RESBIRADAETH
ANATOMEG
BACTERIA
CELL
CROMOSOM
COLAGEN
PROTEIN
EMBRYO
ENSYM
ESBLYGIAD
HORMON
TREIGLAD
NATURIOL
NIWRON
OSMOSIS
YMLUSGIAID
SYMBIOSIS
SYNAPSE
NERF
MAMAL

39 - Landen #1

I	V	C	J	H	G	B	Y	L	I	B	Y	A	X	L	G
X	U	A	I	J	G	R	R	A	L	G	B	C	I	T	H
G	B	N	Q	S	A	A	A	G	H	O	Y	T	J	F	E
T	R	A	I	W	I	S	L	E	Z	T	R	B	W	F	E
S	E	D	J	K	D	I	M	N	M	L	E	N	S	I	J
G	M	A	D	S	O	L	A	E	V	A	I	F	T	A	L
R	W	O	D	L	B	E	E	S	B	I	D	W	S	R	C
N	O	L	R	M	M	X	N	Z	N	N	A	I	D	Y	H
X	F	C	A	O	A	W	E	Z	I	A	L	S	X	O	I
Z	O	E	W	D	C	D	A	I	C	M	M	R	A	D	L
P	X	B	K	M	P	O	B	I	A	O	J	A	Z	O	E
N	O	R	W	Y	V	W	S	H	R	R	I	E	N	E	Y
L	Y	K	A	V	F	O	Y	J	A	I	R	L	D	A	Z
C	P	W	U	A	Y	Q	U	L	G	X	A	G	J	X	P
B	Z	Y	H	Z	U	Q	E	B	U	B	C	R	M	R	H
G	W	L	A	D	B	E	L	G	A	Q	S	F	F	L	U

GWLAD BELG
BRASIL
CAMBODIA
CANADA
CHILE
YR ALMAEN
YR AIFFT
IRAC
ISRAEL
YR EIDAL
LATFIA
LIBYA
MOROCO
NICARAGUA
NORWY
PANAMA
GWLAD PWYL
ROMANIA
SENEGAL
SBAEN

40 - Installaties

Q	E	P	D	B	D	V	U	Q	E	U	M	B	G	P	C
P	N	O	A	R	I	U	F	A	R	Z	F	A	L	E	C
S	F	K	E	G	A	V	F	O	X	Q	T	P	A	R	O
F	P	Y	D	A	I	L	A	A	E	R	O	N	S	L	E
G	A	R	D	D	L	W	I	X	O	P	U	O	W	Y	D
O	H	I	E	R	S	O	D	Z	F	X	Q	B	E	S	C
V	Y	L	L	B	O	K	N	E	K	Z	P	M	L	I	J
E	M	G	K	L	O	C	Y	U	O	A	Z	S	L	A	U
F	L	O	R	A	W	O	S	P	G	C	V	U	T	U	U
V	K	S	H	S	Z	Y	Q	H	T	I	A	T	R	W	G
A	Y	W	W	S	T	X	N	W	B	B	V	C	Y	O	H
B	A	M	B	Ŵ	V	E	I	D	D	E	W	A	B	F	M
L	L	Y	S	T	Y	F	I	A	N	T	G	C	C	I	U
G	W	R	A	I	D	D	H	M	Q	B	L	O	D	Y	N
J	R	G	G	O	J	W	K	W	C	T	V	D	R	C	N
L	L	Y	S	I	E	U	E	G	E	A	Q	T	H	X	P

BAMBŴ
AERON
BLODYN
COED
FFA
COEDWIG
CACTUS
FLORA
DAIL
GLASWELLT
TYFU
EIDDEW
PERLYSIAU
GWRTAITH
MWSOGL
LLYSIEUEG
LLWYN
GARDD
LLYSTYFIANT
GWRAIDD

41 - Agronomie

J	L	I	D	K	F	K	U	V	G	S	Y	R	Z	L	G
H	Y	L	B	G	W	R	T	A	I	T	H	N	B	X	W
U	A	J	Y	W	T	K	E	N	N	I	V	G	N	J	L
A	S	H	L	G	K	H	A	D	A	U	Q	W	K	I	E
I	D	X	E	R	R	V	W	Y	G	H	X	Y	S	E	D
S	D	N	B	D	W	E	Z	W	R	C	E	D	Y	K	I
Y	E	S	A	A	O	G	D	B	O	R	F	D	S	Y	G
L	H	E	E	B	D	H	Q	D	Y	Y	F	O	T	R	V
L	C	S	V	C	O	Y	M	C	M	H	E	N	E	W	U
I	L	E	B	O	V	D	I	I	P	N	R	I	M	Q	T
F	Y	E	C	O	L	E	G	R	U	Y	M	A	A	N	P
T	G	C	L	E	F	Y	D	A	U	C	I	E	U	W	Q
O	M	Y	M	C	H	W	I	L	F	N	O	T	R	J	P
E	A	C	I	A	Z	M	L	U	X	B	I	H	D	Ŵ	R
F	A	C	Y	N	A	L	I	A	D	W	Y	P	E	Z	T
C	V	A	P	P	B	S	Q	H	L	P	X	C	V	X	T

CYNALIADWY
ECOLEG
YNNI
TWF
LLYSIAU
ADNABOD
FFERMIO
GWLEDIG
GWRTAITH
AMGYLCHEDD
YMCHWIL
ORGANIG
CYNHYRCHU
SYSTEMAU
LLYGREDD
BWYD
DŴR
GWYDDONIAETH
HADAU
CLEFYDAU

42 - Oceaan

A	K	P	C	D	X	X	U	C	X	R	W	S	K	X	B
L	S	Y	D	R	E	B	J	A	R	V	Z	I	T	W	A
G	W	S	T	Ô	W	A	Z	C	U	A	N	N	O	T	W
Â	P	G	N	M	V	B	X	D	H	W	N	A	V	Q	Y
U	O	O	O	D	I	H	A	N	W	I	T	C	I	F	S
O	T	D	T	O	A	A	S	N	A	N	Y	M	H	W	T
B	C	Y	S	R	O	L	C	W	C	H	T	C	D	G	R
G	O	U	S	F	S	E	H	R	N	G	Z	W	X	D	Y
U	K	V	A	E	E	N	K	Y	A	C	M	R	O	T	S
V	X	W	J	L	I	F	R	O	M	I	J	E	N	F	Z
Y	J	N	W	G	J	K	S	E	N	D	S	L	Q	N	F
B	T	A	C	S	F	H	Y	Y	D	D	Q	O	H	X	N
D	O	L	F	F	I	N	F	Z	H	O	T	M	E	I	V
X	L	L	Y	S	Y	W	O	D	L	N	Q	B	Z	G	V
Z	M	H	H	N	F	I	H	V	L	U	C	C	R	Q	A
T	W	Y	S	J	T	J	I	O	M	F	Z	B	O	Q	A

LLYSYWOD
ALGÂU
CWCH
DOLFFIN
BERDYS
LLANW
TONNAU
SIARC
CWREL
CRANC
SGLEFROD MÔR
OCTOPWS
WYSTRYS
CRWBAN
NODDI
STORM
TIWNA
PYSGOD
MORFIL
HALEN

43 - Landen #2

R	W	H	P	V	M	J	L	Y	N	B	J	L	F	G	L
N	C	Q	O	X	E	L	U	G	L	U	L	H	V	E	Z
N	Q	D	A	J	C	D	Q	C	B	L	G	E	S	O	Y
I	E	B	V	U	S	C	N	P	X	H	F	A	U	R	V
Á	L	P	G	H	I	J	A	I	R	E	G	I	N	G	L
R	I	S	A	W	C	I	J	A	P	A	N	S	A	D	Y
C	B	O	I	L	O	N	W	A	U	B	M	W	B	A	A
W	E	M	S	O	A	L	G	E	Z	O	E	R	I	L	F
S	R	A	Y	X	F	O	W	O	R	T	S	S	L	W	F
Z	I	L	A	Y	N	E	K	K	K	D	I	S	B	G	R
N	A	I	L	D	E	N	M	A	R	C	D	V	Y	Z	A
B	I	A	A	I	S	C	A	I	S	E	N	O	D	N	I
A	R	S	M	K	E	T	H	I	O	P	I	A	N	C	N
K	Y	D	K	P	G	J	Y	R	K	A	F	M	R	X	C
X	S	M	C	H	F	M	K	X	I	F	N	G	J	V	V
S	D	R	H	T	D	W	C	H	K	Z	B	E	J	S	Y

DENMARC
ETHIOPIA
FFRAINC
GWLAD GROEG
IWERDDON
INDONESIA
JAPAN
KENYA
LAOS
LIBANUS
LIBERIA
MALAYSIA
MECSICO
NEPAL
NIGERIA
UGANDA
WCRÁIN
RWSIA
SOMALIA
SYRIA

44 - Landschappen

M	K	F	F	L	M	Y	N	Y	D	D	I	Â	T	A	E
Z	I	K	M	N	L	C	P	K	I	O	I	U	U	N	K
A	F	O	J	T	R	O	F	N	F	E	C	K	N	I	H
Z	W	X	Q	E	Ô	J	S	Y	N	Y	N	R	D	A	G
D	H	W	Y	D	M	F	R	G	Q	S	M	E	R	L	V
G	O	R	S	Z	N	N	Y	R	F	F	Y	D	A	W	K
W	U	D	O	V	T	S	N	O	R	Y	O	D	T	C	K
R	E	W	Y	P	K	Y	N	Y	H	R	N	E	P	H	K
X	C	R	D	A	E	A	H	R	E	W	H	Y	F	P	R
J	M	O	D	Q	H	G	T	E	W	L	V	H	D	B	A
A	O	I	N	D	O	M	R	S	L	O	G	O	F	D	S
W	F	T	O	D	O	V	A	Y	I	P	Z	Q	H	U	E
X	Y	O	M	Y	I	N	E	E	F	E	L	L	Y	N	A
K	C	I	N	N	V	Y	T	G	J	I	T	Y	D	K	O
C	T	A	A	Y	I	R	H	Z	P	I	Y	G	D	T	F
K	F	U	Z	M	N	B	F	O	N	I	Y	R	I	F	M

MYNYDD
YNYS
GEYSER
RHEWLIF
OGOF
BRYN
MYNYDD IÂ
LLYN
GORS
WERDDON
CEFNFOR
AFON
PENRHYN
TRAETH
TUNDRA
DYFFRYN
LLOSGFYNYDD
RHAEADR
ANIALWCH
MÔR

45 - Tuin

A	H	H	L	W	A	H	I	W	J	Z	P	T	A	S	G
R	D	S	A	R	E	T	Z	F	Y	X	W	R	K	R	L
E	Y	J	W	I	M	F	K	C	O	M	M	A	H	P	A
R	X	H	N	S	X	Z	B	R	W	A	P	M	H	L	S
B	Z	X	T	Z	U	J	S	E	I	V	Y	P	U	R	W
F	F	E	N	S	H	F	U	I	N	E	C	O	G	U	E
A	T	Q	D	J	P	N	Y	G	W	Q	W	L	B	D	L
C	L	Y	M	C	O	E	D	I	Y	C	C	Î	W	A	L
A	Y	E	N	J	G	S	C	A	D	H	M	N	M	T	T
H	I	N	Y	W	L	L	J	U	D	W	Z	M	I	P	A
R	E	J	T	P	I	B	E	L	L	Y	Q	S	U	A	C
S	F	W	R	E	L	I	R	F	L	N	I	G	M	V	M
W	I	D	C	D	D	R	A	G	W	C	F	G	A	O	A
B	L	O	D	Y	N	D	G	Q	P	P	F	O	J	W	X
N	Y	O	W	Z	F	K	F	F	U	U	H	Z	S	C	N
I	K	S	S	B	N	D	B	E	Z	H	F	X	C	N	M

MAINC
BLODYN
COED
GAREJ
LAWNT
GLASWELLT
HAMMOCK
RHACA
FFENS
CHWYN

CREIGIAU
RHAW
PIBELL
LLWYN
TERAS
TRAMPOLÎN
GARDD
CYNTEDD
PWLL
WINWYDD

46 - Beroepen #2

A	F	F	O	T	O	G	R	A	F	F	Y	D	D	C	J
I	T	D	A	R	L	U	N	Y	D	D	L	Q	Q	B	A
F	F	H	N	E	W	Y	D	D	I	A	D	U	R	W	R
M	V	Y	R	W	D	D	R	A	G	O	D	U	H	Z	W
G	L	F	R	O	L	L	A	W	F	E	D	D	Y	G	U
J	Z	G	R	L	N	M	E	D	D	Y	G	O	L	Z	U
B	K	J	P	D	D	Y	N	N	A	I	R	I	E	P	U
D	I	Z	J	A	V	D	D	Y	L	I	W	H	C	M	Y
N	P	O	T	M	K	N	P	D	F	I	E	S	O	K	D
C	S	E	L	P	Z	N	M	M	F	E	K	B	L	Q	I
T	O	L	I	E	P	K	E	F	E	I	S	M	B	N	T
V	K	V	T	N	G	Q	C	Z	R	T	E	W	W	D	E
A	T	H	R	O	T	Y	D	H	M	H	E	V	U	C	C
A	T	Z	W	E	X	I	D	E	W	Y	I	Q	T	B	T
E	Z	C	E	Z	C	Y	W	D	R	D	X	K	R	U	I
D	E	I	N	T	Y	D	D	R	W	D	O	F	O	G	F

MEDDYG
GOFODWR
BIOLEGYDD
FFERMWR
LLAWFEDDYG
DITECTIF
ATHRONYDD
FFOTOGRAFFYDD
DARLUNYDD
PEIRIANNYDD
NEWYDDIADURWR
ATHRO
IEITHYDD
YMCHWILYDD
PEILOT
PEINTIWR
DEINTYDD
GARDDWR

47 - Dagen en Maanden

B	R	A	J	S	E	Y	E	T	D	M	W	P	D	R	P
G	L	U	H	T	S	G	I	A	Y	R	M	L	Y	G	D
D	U	W	J	N	Q	D	X	C	D	P	E	N	D	N	R
Y	S	H	Y	R	F	L	Z	H	D	M	D	V	D	M	O
D	D	Y	D	D	P	R	R	W	M	H	I	Y	G	E	Y
D	D	D	Y	N	D	N	W	E	E	P	P	P	W	H	P
L	Y	R	V	E	B	Y	A	D	R	F	Q	E	E	E	G
L	D	E	A	L	J	G	N	D	C	P	D	E	N	F	O
U	A	F	X	A	Y	S	O	N	H	T	Y	W	E	I	R
N	E	V	I	C	F	I	I	O	E	T	P	T	R	N	F
O	P	Y	V	A	U	M	Z	M	R	G	R	W	N	I	F
V	O	K	P	B	S	O	U	V	V	V	N	W	W	S	E
U	A	I	D	D	Y	D	V	R	Y	C	I	G	A	G	N
N	R	W	D	A	S	D	D	Y	D	M	D	W	I	M	N
X	X	O	S	C	H	W	E	F	R	O	R	Z	M	P	A
R	C	I	H	T	R	W	A	M	D	D	Y	D	X	B	F

AWST
DYDD MAWRTH
DYDD IAU
CHWEFROR
BLWYDDYN
IONAWR
GORFFENNAF
MEHEFIN
CALENDR
MIS
DYDD LLUN
MAWRTH
TACHWEDD
HYDREF
MEDI
DYDD GWENER
WYTHNOS
DYDD MERCHER
DYDD SADWRN
DYDD SUL

48 - Mode

Q	F	F	O	R	D	D	I	A	D	W	Y	N	C	Z	F
K	K	O	N	D	H	G	W	R	E	I	D	D	I	O	L
I	C	U	A	M	Y	T	O	B	V	C	U	H	I	A	X
N	B	N	D	A	L	L	I	D	S	Y	R	T	D	V	D
M	W	R	T	A	P	Z	R	A	H	M	D	A	E	W	G
P	E	U	Q	I	T	U	O	B	W	E	C	A	L	Y	R
M	N	S	A	Z	C	W	W	L	O	D	D	E	U	T	H
J	G	Q	U	I	L	S	U	D	D	R	O	F	F	Y	C
S	Y	M	L	R	I	D	S	M	J	O	H	R	M	W	X
N	R	C	N	U	I	C	A	I	N	L	U	N	B	V	A
W	U	K	P	R	N	A	H	M	B	L	H	W	L	C	L
I	F	K	K	X	Z	X	D	H	O	U	C	W	G	F	L
L	R	T	F	Y	K	E	F	A	Z	D	Q	P	F	U	E
Y	M	A	R	F	E	R	O	L	U	D	E	Y	G	P	I
R	T	G	C	N	D	C	B	N	B	R	B	R	N	X	A
Q	B	V	U	D	A	V	C	N	D	A	D	Z	N	J	F

MESURIADAU
CYMEDROL
FFORDDIADWY
BRODWAITH
CYFFORDDUS
DRUD
SYML
CAIN
LACE
DILLAD
BOTYMAU
LLEIAF
MODERN
GWREIDDIOL
PATRWM
YMARFEROL
ARDDULL
GWEAD
TUEDD
BOUTIQUE

49 - Tuinieren

E	T	H	I	N	S	A	W	D	D	L	L	E	B	I	P
Z	U	B	O	T	A	N	E	G	O	L	W	K	E	B	C
H	S	H	L	E	F	U	M	A	Q	D	D	I	R	P	Y
X	W	A	S	Y	Y	Y	A	H	I	I	W	A	L	H	N
N	U	A	D	O	L	B	C	Q	P	H	Q	H	L	X	H
Y	Y	E	B	Q	I	K	P	J	V	Q	Y	S	A	A	W
D	R	H	Y	W	O	G	A	E	T	H	A	U	N	V	Y
O	Ŵ	X	Q	E	G	S	O	T	I	G	J	A	Q	M	S
L	S	R	C	S	K	X	Z	X	S	M	V	D	P	N	Y
B	W	Y	T	A	D	W	Y	S	D	O	Q	A	D	Y	D
Y	B	C	H	M	P	C	A	Y	B	Q	P	H	Q	A	D
Y	O	J	Z	P	L	P	C	M	A	K	D	M	S	P	H
S	L	E	T	Y	M	H	O	R	O	L	F	Z	O	U	Y
W	Y	U	V	N	R	E	D	H	T	I	E	L	L	C	V
E	L	E	I	G	A	F	G	P	L	A	U	S	U	Z	K
C	N	K	T	V	R	J	V	N	A	D	K	O	V	N	M

BLODAU
BLODYN
PRIDD
TUSW
BERLLAN
BOTANEGOL
COMPOST
CYNHWYSYDD
BWYTADWY
EGSOTIG
DAIL
HINSAWDD
TYMHOROL
PIBELL
RHYWOGAETHAU
LLEITHDER
BAW
DŴR
HADAU

50 - Menselijk Lichaam

G	O	J	P	H	X	Q	Y	W	G	G	S	T	E	R	D
I	Q	E	T	Q	R	S	U	X	S	B	A	L	O	B	C
C	L	U	S	T	O	T	J	Z	P	N	Q	L	G	V	R
L	P	D	Q	G	U	I	J	S	Q	E	Q	M	O	U	O
L	G	W	D	D	F	P	P	E	N	G	L	I	N	N	E
A	V	G	E	D	D	S	E	O	C	J	N	N	E	D	N
W	O	E	A	Y	B	Y	S	N	W	S	G	C	P	T	N
C	E	D	W	W	P	Y	E	D	E	U	E	Q	V	W	F
N	S	G	G	G	Q	B	F	L	H	L	G	E	H	J	N
X	V	I	O	S	D	N	R	L	L	F	I	L	M	Y	A
L	S	Y	L	Y	R	S	H	D	D	Y	N	N	E	M	Y
D	X	E	V	Z	O	R	D	Q	A	E	G	Y	U	C	M
F	F	Ê	R	B	A	Y	V	V	M	F	M	A	E	I	V
B	D	Y	T	B	X	X	O	D	G	J	I	B	D	O	S
Z	O	R	S	E	D	O	F	A	T	R	W	Y	N	Ê	X
Q	Z	N	I	W	R	Y	O	Q	R	V	K	V	J	N	Z

COES
GWAED
PENELIN
FFÊR
LLAW
GALON
YMENNYDD
PEN
CROEN
ÊN
PEN-GLIN
BOLA
GEG
GWDDF
TRWYN
LLYGAD
CLUST
YSGWYDD
TAFOD
BYS

51 - Energie

C	A	R	B	O	N	O	D	B	M	S	E	K	A	F	G
A	M	G	Y	L	C	H	E	D	D	M	M	X	D	G	W
O	I	S	R	H	M	E	J	N	I	P	C	S	N	X	Y
O	R	H	W	Q	H	L	S	B	A	G	E	R	E	T	N
H	E	L	E	C	T	R	O	N	D	A	D	Z	W	D	T
M	Y	F	A	W	M	B	L	M	O	D	U	R	Y	D	L
R	K	D	V	I	R	A	E	L	C	W	I	N	D	E	A
C	I	T	R	K	Y	T	S	F	U	R	T	M	D	R	L
U	S	N	G	O	L	R	E	N	I	L	O	S	A	G	T
B	N	A	F	W	G	I	I	N	R	S	H	Z	D	Y	A
V	H	I	T	Y	R	E	D	T	T	E	J	O	W	L	N
Z	J	D	M	Q	D	E	N	Y	W	R	X	R	Y	L	W
T	R	Y	D	A	N	W	S	R	U	V	O	H	F	W	Y
W	X	W	C	J	T	Q	D	B	J	J	G	P	C	Q	D
H	R	I	R	V	L	R	N	I	Z	D	R	V	I	O	D
R	D	D	N	L	F	V	R	N	O	T	O	F	F	T	N

BATRI
GASOLINE
TANWYDD
DIESEL
TRYDAN
ELECTRON
ENTROPI
FFOTON
ADNEWYDDADWY
DIWYDIANT
CARBON
MODUR
NIWCLEAR
AMGYLCHEDD
AGER
TYRBIN
LLYGREDD
GWRES
HYDROGEN
GWYNT

52 - Familie

U	P	D	S	V	M	K	F	C	P	H	V	M	J	U	L
L	M	L	Z	C	W	K	X	C	L	O	D	A	T	I	N
U	N	T	C	M	T	T	E	S	E	R	Y	W	C	V	J
B	F	D	W	U	N	N	F	J	N	V	S	G	L	Y	M
G	D	P	P	J	K	A	D	Z	T	F	A	M	H	Y	G
P	X	D	X	E	C	M	Q	G	Y	J	N	H	L	L	A
T	R	E	A	W	H	C	J	Ŵ	N	H	T	C	D	N	A
N	H	B	E	G	T	K	S	R	G	I	A	R	W	G	Q
W	T	A	I	D	W	C	H	H	S	X	D	E	A	H	N
Z	Y	N	B	F	H	I	A	F	Y	T	J	M	R	N	N
S	W	K	I	R	T	C	P	Z	G	N	O	P	B	U	N
Z	E	P	N	A	I	N	C	C	D	A	A	Y	L	R	O
A	U	D	O	D	N	Y	T	N	E	L	P	F	Ŵ	A	U
A	T	N	M	M	O	D	R	Y	B	P	V	W	I	Y	X
L	S	Q	V	E	R	S	I	L	M	O	A	U	P	A	R
H	E	E	O	J	T	C	S	Z	E	A	W	K	L	B	D

BRAWD
MERCH
NAIN
PLENTYNDOD
PLENTYN
PLANT
WYRES
ŴYR
GŴR
FAM
NAI
NITH
EWYTHR
TAID
MODRYB
TAD
TADOL
HYNAFIAD
GWRAIG
CHWAER

53 - Gebouwen

E	I	A	J	A	W	S	M	O	G	A	A	X	A	A	L
F	N	B	R	S	B	T	D	N	W	S	R	P	R	M	R
T	D	U	W	D	W	A	E	I	E	T	S	J	C	G	Y
Y	A	F	Z	U	L	D	J	T	S	A	Y	P	H	U	Q
A	J	L	Z	Q	G	I	J	K	T	R	L	U	F	E	R
Q	E	L	F	E	I	W	K	X	Y	Q	L	C	A	D	O
M	R	E	F	F	P	M	X	J	V	Y	F	A	R	D	M
C	A	B	A	N	R	T	A	E	H	T	A	S	C	F	W
J	G	A	G	I	I	F	F	A	T	R	I	T	H	A	W
Q	O	P	Z	X	F	S	I	S	O	W	Z	E	N	G	Y
X	W	Y	T	Q	Y	F	I	J	I	T	R	L	A	R	P
I	Q	Q	E	R	S	A	R	N	A	H	G	L	D	Q	K
K	R	O	B	U	G	S	Y	W	E	Y	S	B	Y	T	Y
U	O	Y	D	R	O	B	A	L	L	M	O	B	C	Z	Q
Y	X	Q	M	X	L	O	G	S	Y	U	A	V	T	Q	B
K	S	N	K	I	B	K	I	Y	O	X	Y	W	T	F	I

FFLAT
SINEMA
FFERM
CABAN
FFATRI
GAREJ
GWESTY
CASTELL
LABORDY
AMGUEDDFA
ARSYLLFA
YSGOL
YSGUBOR
STADIWM
ARCHFARCHNAD
PABELL
THEATR
TWR
PRIFYSGOL
YSBYTY

54 - Kunst

R	I	A	E	N	Z	Y	Q	Z	S	Y	G	C	N	W	P
D	L	F	H	J	S	R	M	E	E	F	L	E	F	G	Y
M	O	R	T	R	Y	K	U	E	R	C	X	R	E	W	B
W	D	P	E	T	C	L	T	G	P	P	R	A	G	E	Z
C	Y	F	A	N	S	O	D	D	I	A	D	M	R	L	P
M	R	N	I	A	K	I	P	S	O	F	K	I	Q	E	O
H	B	Q	N	I	K	D	B	W	M	N	F	G	D	D	R
D	S	U	O	G	C	D	J	R	H	B	E	X	D	O	T
F	Y	F	D	E	Z	I	X	E	W	U	S	S	D	L	R
K	Y	T	D	N	N	E	H	A	Y	W	T	A	T	Z	E
J	M	Q	R	Y	Y	R	M	L	L	O	B	M	Y	S	A
T	E	Z	A	M	S	W	A	A	I	M	P	S	K	P	D
X	V	C	B	O	Y	G	B	E	A	F	Y	X	A	S	U
P	E	R	S	O	N	O	L	T	U	F	Z	S	X	N	A
C	E	R	F	L	U	N	M	H	T	E	L	H	M	Y	C
P	A	E	N	T	I	A	D	A	U	L	T	E	O	F	S

CERFLUN
CYMHLETH
CREU
SYML
ONEST
FFIGUR
YSBRYDOLI
HWYLIAU
CERAMIG
PWNC
GWREIDDIOL
PERSONOL
BARDDONIAETH
PORTREADU
CYFANSODDIAD
PAENTIADAU
SWREALAETH
SYMBOL
MYNEGIANT
GWELEDOL

55 - Beroepen #1

G	O	L	Y	G	Y	D	D	D	D	V	U	O	H	D	J
Y	A	N	O	C	E	S	S	A	Q	D	B	N	B	S	R
R	D	B	L	B	K	P	E	E	J	G	P	N	W	X	V
E	R	Y	W	L	E	H	I	A	E	P	Q	K	F	E	D
H	W	S	I	G	E	A	C	R	W	I	S	N	W	A	D
P	I	A	N	Y	D	D	O	E	W	Q	R	Y	N	T	P
A	C	K	F	D	G	R	L	G	Y	D	D	E	M	D	N
R	N	V	H	D	E	I	E	W	J	S	D	U	G	A	S
G	A	F	G	E	M	N	G	R	O	I	Y	Y	A	N	W
O	B	M	J	F	Y	W	Y	N	G	Z	L	H	R	N	O
T	T	V	F	L	D	R	D	A	K	V	L	Q	O	E	C
R	M	S	E	I	D	M	D	O	V	T	Y	M	D	G	S
A	R	R	W	M	Y	L	P	V	F	W	R	N	D	S	E
C	T	I	U	N	X	N	Y	R	S	Q	E	Z	R	Y	R
C	Y	F	R	E	I	T	H	I	W	R	F	O	E	L	Q
M	A	B	O	L	G	A	M	P	W	R	F	F	C	L	Z

CYFREITHIWR
LLYSGENNAD
FFERYLLYDD
SERYDDWR
MABOLGAMPWR
BANCIWR
CARTOGRAPHER
DAWNSIWR
MILFEDDYG
MEDDYG
GOLYGYDD
DAEAREGWR
HELWYR
GEMYDD
PLYMWR
CERDDOR
PIANYDD
SEICOLEGYDD
NYRS

56 - Antarctica

D	I	A	I	N	I	W	G	N	E	P	Q	M	O	A	C
Ŵ	A	M	G	Y	L	C	H	E	D	D	M	W	J	I	Y
R	Z	T	Y	E	Y	L	O	N	O	D	D	Y	W	G	F
K	V	Y	J	A	H	I	B	D	Y	N	J	N	W	O	A
W	S	D	X	T	Z	S	R	D	U	L	I	A	Â	I	N
P	G	Q	O	F	W	V	A	Y	B	M	K	U	T	G	D
R	K	U	S	E	B	A	D	L	G	R	E	C	O	I	I
D	A	E	A	R	Y	D	D	I	A	E	T	H	P	E	R
C	K	U	T	T	U	R	E	W	B	P	D	B	O	R	H
W	X	Z	P	A	Y	E	R	H	A	E	A	U	G	C	O
C	Y	M	Y	L	A	U	E	C	E	N	I	W	R	B	T
J	G	Q	H	B	V	B	H	M	L	R	T	O	A	D	V
D	N	H	I	H	C	S	M	Y	C	H	H	O	F	C	M
X	C	J	J	E	O	N	Y	N	S	Y	A	D	F	D	F
C	A	D	W	R	A	E	T	H	X	N	X	Z	E	Y	N
Y	N	Y	S	O	E	D	D	F	D	F	P	X	G	N	E

BAE
CADWRAETH
CYFANDIR
YNYSOEDD
DAITH
DAEARYDDIAETH
IÂ
MUDO
MWYNAU
AMGYLCHEDD
YMCHWILYDD
PENGWINIAID
CREIGIOG
PENRHYN
TYMHEREDD
TOPOGRAFFEG
DŴR
GWYDDONOL
CYMYLAU

57 - Ballet

G	U	T	M	S	Q	K	E	H	A	H	M	W	G	C	D
O	G	E	Y	A	R	T	I	S	T	I	G	E	L	Y	W
S	Y	S	N	Y	Q	H	F	C	F	K	R	G	Q	F	Y
G	L	G	E	T	D	T	K	M	G	T	R	V	G	A	S
E	D	T	G	Z	G	E	Y	H	M	C	E	M	L	N	E
I	K	W	I	U	U	A	R	Y	H	Y	C	O	T	S	D
D	I	F	A	F	D	I	E	L	L	U	N	Y	G	O	D
D	G	E	N	N	U	R	Y	W	S	N	W	A	D	D	C
I	C	C	N	X	U	O	D	B	H	W	T	H	C	D	E
G	V	Z	O	Q	C	D	Y	S	T	U	M	Y	Y	W	R
H	C	B	L	L	U	D	D	R	A	T	R	G	M	R	D
C	O	R	E	O	G	R	A	F	F	I	H	W	A	R	D
W	Y	T	C	D	F	E	Y	C	T	B	Y	E	R	Z	O
G	E	O	C	M	D	C	U	R	T	I	T	R	F	D	R
R	N	F	M	T	E	C	H	N	E	G	H	S	E	W	F
I	R	Z	O	X	X	Q	F	E	R	D	M	I	R	V	A

ARTISTIG
COREOGRAFFI
CYFANSODDWR
DAWNSWYR
MYNEGIANNOL
YSTUM
DWYSEDD
GWERSI
CERDDORIAETH
CERDDORFA
GYNULLEIDFA
YMARFER
RHYTHM
GOSGEIDDIG
UNAWD
CYHYRAU
ARDDULL
TECHNEG

58 - Vissen

B	S	G	Y	D	G	J	X	L	J	O	Y	E	G	C	P
K	A	F	E	W	G	W	E	L	H	I	O	V	W	O	W
A	T	S	G	M	R	C	W	Y	J	M	H	G	H	G	Y
G	M	R	G	S	Q	D	G	N	Ê	Q	J	W	W	I	S
I	W	Y	A	E	M	T	A	G	E	L	L	A	U	N	A
S	R	T	N	E	D	Y	W	B	A	J	E	L	J	I	U
K	K	P	Y	E	T	C	W	C	H	W	S	D	C	O	U
S	K	B	H	K	D	H	E	S	G	Y	L	L	K	V	O
M	P	A	C	P	G	D	R	R	W	N	X	G	M	I	G
D	I	X	A	E	D	A	I	D	D	D	R	O	M	Y	T
L	G	F	B	G	W	I	F	R	E	N	O	F	F	E	R
H	F	H	R	A	T	N	M	Ŵ	P	O	F	B	C	N	S
Y	U	U	X	E	H	O	S	D	Q	F	N	D	U	G	P
Z	Q	F	K	D	H	B	S	Q	O	A	F	C	E	B	K
D	U	K	V	L	A	S	K	C	L	O	E	P	F	M	A
I	E	H	H	N	M	E	C	S	C	U	C	N	Y	F	E

ABWYD
OFFER
CWCH
GWIFREN
AMYNEDD
PWYSAU
BACHYN
ÊN
TAGELLAU
COGINIO
BASGED
LLYN
CEFNFOR
ESBONIAD
AFON
TYMOR
TRAETH
ESGYLL
DŴR

59 - Fruit

O	Y	X	R	E	V	L	G	I	U	R	Q	C	T	X	N
E	G	V	A	V	T	M	B	E	H	X	R	O	G	X	E
L	R	E	O	S	A	X	R	C	L	G	Q	K	F	T	C
W	A	I	A	P	A	P	I	J	E	L	Y	E	F	A	T
E	W	W	S	R	K	U	C	U	O	I	Y	C	R	P	A
G	N	I	R	I	E	O	Y	X	E	I	R	G	R	R	R
F	W	C	D	L	A	G	L	Z	L	S	V	I	M	X	I
H	I	W	B	Y	N	U	L	H	R	P	Z	F	O	X	N
C	N	O	R	E	A	G	J	Z	I	B	G	F	O	S	E
I	W	L	H	G	Q	N	K	Q	I	A	G	W	C	L	K
C	N	E	C	N	O	L	E	M	K	N	E	R	O	R	A
V	N	G	A	F	O	C	A	D	O	A	A	J	C	K	F
D	P	X	E	Y	G	F	D	W	X	N	L	A	U	J	W
Q	L	L	P	K	N	U	A	M	F	A	I	X	A	K	L
A	F	A	L	T	A	Y	T	M	U	P	I	Y	N	E	X
L	E	M	O	N	M	F	T	H	R	I	Z	P	C	O	V

BRICYLL
AFAL
AFOCADO
BANANA
AERON
LEMON
GRAWNWIN
MAFON
CEIRIOS
CIWI
CNAU COCO
MANGO
MELON
NECTARINE
OREN
PAPAIA
GELLYG
PEACH
EIRIN
FFIG

60 - Engineering

D	O	S	B	A	R	T	H	U	N	E	B	R	H	V	K
P	D	Y	F	N	D	E	R	S	A	P	D	L	T	X	L
E	D	R	V	L	P	S	D	F	M	D	O	V	A	O	B
I	I	Y	E	V	R	I	D	U	B	D	E	S	U	C	D
R	A	Q	N	H	O	G	I	N	N	Y	C	I	G	R	I
I	M	C	J	M	A	E	C	F	V	W	F	Q	C	Y	E
A	E	Y	W	E	D	A	I	F	I	R	F	Y	C	F	S
N	D	L	U	E	E	D	E	V	M	G	D	I	V	D	E
T	R	C	T	P	I	G	C	R	A	O	K	A	O	E	L
T	U	H	F	I	L	Y	H	X	R	L	D	J	P	R	G
I	J	D	S	O	A	E	E	P	G	D	F	U	R	U	N
X	I	R	Y	M	D	O	L	A	A	Y	Y	M	R	S	O
T	V	O	W	N	U	C	M	H	I	F	M	N	Y	E	V
S	T	R	W	Y	T	H	U	R	D	E	U	O	N	M	K
F	F	R	I	T	H	I	A	N	T	S	Q	S	S	I	B
J	B	J	T	H	Y	H	A	B	X	I	G	R	M	N	U

ECHEL
CYFRIFIAD
CYNNIG
ADEILADU
DIAGRAM
DIAMEDR
DYFNDER
DIESEL
DOSBARTHU
YNNI

ONGL
CRYFDER
PEIRIANT
MESUR
MODUR
CYLCHDRO
SEFYDLOGRWYDD
STRWYTHUR
HYLIF
FFRITHIANT

61 - Literatuur

F	F	U	G	L	E	N	B	T	D	L	C	W	N	J	S
S	B	D	A	E	A	D	D	R	E	C	A	B	A	R	N
M	E	N	U	F	R	F	N	O	I	G	S	F	B	A	D
Q	N	W	E	O	D	M	O	S	A	O	G	W	P	L	I
R	I	Y	X	N	D	S	V	I	L	R	L	Q	F	A	A
Z	H	B	Z	C	U	G	D	A	O	X	I	Q	T	O	X
F	C	Y	P	E	L	R	D	D	G	C	A	O	J	S	V
K	Y	B	T	N	L	Z	H	X	P	A	D	U	A	X	L
R	R	M	A	H	T	E	A	I	B	E	T	A	F	Y	C
R	D	F	X	R	M	U	W	T	X	K	J	G	U	F	P
A	W	D	U	R	D	A	I	F	F	A	R	G	W	Y	B
B	E	O	D	A	I	D	D	O	S	N	A	D	A	D	X
I	N	J	R	E	I	G	O	A	D	R	O	D	D	W	R
R	T	N	F	H	J	K	S	N	R	H	Q	P	M	J	U
P	M	I	V	N	D	N	I	V	O	T	Z	L	P	X	Y
T	H	E	M	A	O	D	L	H	H	L	D	E	W	H	C

CYFATEBIAETH
DADANSODDIAD
CHWEDL
AWDUR
BYWGRAFFIAD
CASGLIAD
DEIALOG
FFUGLEN
CERDD
BARN
TROSIAD
BARDDONOL
ODL
RHYTHM
NOFEL
ARDDULL
THEMA
DRYCHINEB
ADRODDWR

62 - Boeken

Y	X	V	R	H	D	D	D	Y	N	E	L	L	R	A	D
S	C	E	R	D	D	D	P	N	B	L	W	L	H	C	Z
G	K	F	T	B	R	L	O	D	D	Y	S	E	N	A	H
R	P	A	D	R	O	D	D	W	R	B	G	N	Q	M	A
I	E	M	B	T	R	A	S	I	G	Q	G	Y	H	C	B
F	R	C	Q	A	V	K	N	U	T	S	E	D	D	Y	C
E	T	R	H	X	R	U	D	W	A	V	O	D	V	I	P
N	H	E	T	B	O	D	S	T	O	R	I	O	W	I	I
E	N	O	E	T	F	A	D	H	G	E	C	L	U	W	C
D	A	W	A	L	O	I	N	O	D	A	N	T	U	R	O
I	S	F	I	E	R	L	C	I	N	E	L	A	D	U	T
G	O	V	L	F	Z	G	A	A	N	I	O	G	F	C	Q
E	L	T	O	O	G	S	Z	G	K	H	A	Y	N	S	W
P	Z	M	U	N	C	A	P	C	R	A	S	E	Z	G	Y
I	X	H	E	V	B	C	B	Q	K	M	G	I	T	V	B
G	B	U	D	D	S	O	D	D	I	H	J	C	N	H	G

AWDUR
ANTUR
TUDALEN
CASGLIAD
CYD-DESTUN
DEUOLIAETH
EPIG
CERDD
YSGRIFENEDIG
HANESYDDOL
DONIOL
BUDDSODDI
DARLLENYDD
LLENYDDOL
BARDDONIAETH
PERTHNASOL
NOFEL
TRASIG
STORI
ADRODDWR

63 - Meer Informatie

K	R	E	N	M	R	W	N	I	Z	M	F	M	D	D	R
D	Y	F	O	D	O	L	A	I	D	D	F	I	Y	T	H
T	E	Q	N	Y	T	I	R	I	T	X	R	S	C	K	I
A	Â	I	U	B	Z	Y	R	V	K	I	W	E	H	G	T
I	N	N	C	C	R	O	S	P	T	N	Y	N	M	E	H
P	H	U	E	D	L	S	I	R	W	D	D	A	Y	L	C
O	R	A	C	L	E	Y	N	O	Y	I	R	R	G	O	Y
T	R	R	I	R	Y	F	E	V	D	R	A	I	O	N	W
U	O	F	E	P	E	P	M	E	A	G	D	O	L	H	G
B	B	Y	I	B	O	A	A	Y	O	E	E	H	X	C	V
L	O	L	T	N	Y	T	L	O	N	L	O	Q	I	E	J
A	T	L	H	G	M	W	S	I	G	A	L	A	E	T	H
N	I	W	A	X	S	C	X	Y	S	F	F	B	J	U	R
E	A	I	F	D	Q	S	W	J	D	T	R	C	M	V	A
D	I	S	O	X	V	U	Y	P	K	A	I	C	F	C	R
N	D	R	L	K	R	U	I	F	C	J	S	G	D	A	S

SINEMA
LLYFRAU
TÂN
DYCHMYGOL
DYSTOPIA
FFRWYDRAD
EITHAFOL
GWYCH
DYFODOLAIDD
RHITH
DIRGEL
ORACLE
BLANED
REALISTIG
ROBOTIAID
SENARIO
GALAETH
TECHNOLEG
UTOPIA
BYD

64 - Regenwoud

A	R	K	X	H	I	R	I	G	J	P	Z	H	H	A	T
M	R	K	L	H	M	Z	K	N	X	R	Q	I	X	R	C
R	L	G	W	E	R	T	H	F	A	W	R	N	M	O	P
Y	I	G	J	N	A	Y	N	B	U	G	G	S	B	X	R
W	D	H	O	G	H	T	E	A	R	W	D	A	C	R	Y
I	C	E	R	S	G	E	D	L	D	X	O	W	Z	L	F
A	O	W	A	M	W	Y	D	G	G	A	O	D	C	O	E
E	H	F	D	C	Y	M	U	N	E	D	R	D	G	G	D
T	F	G	F	Q	O	I	X	Y	L	L	O	C	H	E	S
H	I	S	E	O	R	O	G	J	P	H	M	H	W	N	C
R	N	A	R	U	T	A	N	C	D	A	T	T	C	A	Y
C	Y	N	H	E	N	I	D	U	Q	W	R	V	R	T	M
M	A	M	A	L	I	A	I	D	P	U	H	C	T	O	Y
A	M	F	F	I	B	I	A	I	D	O	V	W	H	B	L
R	H	Y	W	O	G	A	E	T	H	A	U	D	E	N	A
G	B	L	D	N	J	A	I	D	L	K	S	Y	R	Z	U

AMFFIBIAID
CADWRAETH
BOTANEGOL
AMRYWIAETH
CYMUNED
CYNHENID
PRYFED
JYNGL
HINSAWDD
MWSOGL
NATUR
GOROESI
PARCH
ADFER
RHYWOGAETHAU
LLOCHES
ADAR
GWERTHFAWR
CYMYLAU
MAMALIAID

65 - Haartypes

X	U	W	N	X	Q	M	O	E	L	M	R	L	X	B	P
T	W	A	D	P	P	L	E	T	H	E	D	I	G	R	A
L	I	A	C	H	Y	B	V	Z	J	Q	I	L	O	O	Z
Y	L	L	W	Y	D	L	L	G	G	Y	D	X	I	W	F
L	V	O	Q	O	S	O	T	U	H	T	L	V	N	N	M
W	L	B	A	R	L	N	T	O	G	J	J	J	I	X	E
Z	H	I	J	C	Y	D	N	W	R	Y	Y	S	E	D	D
S	M	R	W	N	U	D	F	J	F	W	A	S	L	P	D
Y	G	B	D	I	S	R	Y	B	T	I	T	F	G	X	A
C	O	W	B	R	Z	I	L	N	W	K	X	C	S	C	L
H	I	Q	Y	F	Z	H	L	S	B	G	U	P	A	V	O
M	L	N	N	N	T	R	W	C	H	U	S	Q	T	M	T
T	R	C	X	A	X	P	R	J	P	F	O	E	E	Y	K
H	Y	Q	E	I	W	U	C	X	Q	V	D	F	N	N	J
I	C	C	W	R	H	E	M	Y	L	J	Y	G	A	N	B
M	N	H	H	A	D	M	D	Y	Q	K	L	F	U	G	D

BLOND
BROWN
TRWCHUS
SYCH
TENAU
LLIW
PLETHEDIG
IACH
LLYFN
SGLEINIOG
LLWYD
MOEL
BYR
CURLS
CYRLIOG
HIR
GWYN
MEDDAL
ARIAN
DU

66 - Stad

A	R	C	H	F	A	R	C	H	N	A	D	B	O	L	E
J	F	H	N	I	J	N	A	C	V	F	G	T	G	J	C
R	W	F	O	A	M	E	N	I	S	L	O	G	S	Y	L
Y	B	U	W	S	B	B	G	H	T	L	F	N	F	A	O
W	U	A	V	M	S	W	I	B	V	Y	T	S	E	W	G
A	F	D	D	E	U	G	M	A	H	R	S	L	F	L	S
S	I	O	P	L	Y	F	R	A	U	E	W	L	A	G	Y
E	L	L	O	B	E	N	E	K	B	F	B	Y	R	J	F
A	A	F	I	P	E	I	Y	D	U	F	V	F	C	N	I
M	W	P	S	D	K	C	R	S	G	F	R	R	H	W	R
G	K	O	G	M	Q	Z	W	O	B	P	W	G	N	S	P
A	P	I	U	B	O	I	C	S	Y	O	S	E	A	K	K
R	Y	S	T	H	E	A	T	R	M	B	G	L	D	X	K
S	T	A	D	I	W	M	N	T	K	B	Y	L	U	H	K
H	Z	V	C	V	D	C	L	I	N	I	G	V	D	R	G
R	N	B	J	N	J	J	H	T	U	N	G	W	J	Z	K

FFERYLLFA
BECWS
BANC
LLYFRGELL
SINEMA
SIOP FLODAU
SIOP LYFRAU
SW
ORIEL
GWESTY

CLINIG
MAES AWYR
FARCHNAD
AMGUEDDFA
YSGOL
STADIWM
ARCHFARCHNAD
THEATR
PRIFYSGOL
SIOP

67 - Creativiteit

W	M	M	V	A	I	E	M	O	S	I	Y	N	A	U	H
D	D	Y	W	R	G	O	I	W	Y	B	J	D	A	Q	Y
F	E	F	Q	G	D	Y	C	H	Y	M	Y	G	I	R	L
T	H	I	K	R	V	D	S	B	E	W	T	R	P	M	I
N	E	O	H	A	B	U	D	D	S	O	D	D	I	P	F
A	Z	I	Z	F	D	I	G	Y	M	E	L	L	R	X	E
I	B	V	M	F	B	L	A	R	T	I	S	T	I	G	D
G	X	H	H	L	E	Z	E	A	J	L	W	K	N	B	D
E	R	H	V	T	A	Z	R	G	Y	C	X	K	T	G	S
N	T	E	X	U	D	D	E	W	L	E	D	F	K	I	Y
Y	E	T	D	U	C	D	A	R	F	U	A	S	Y	T	N
M	I	I	E	D	T	E	O	U	T	Q	R	A	X	A	I
O	M	O	W	C	F	S	C	Z	Q	D	F	D	D	M	A
M	L	Z	F	O	Y	Y	N	M	W	E	R	V	E	A	D
B	A	R	S	S	Q	W	K	W	Q	N	H	O	F	R	A
W	D	C	I	F	D	D	Y	W	R	S	Y	L	I	D	U

ARTISTIG
DELWEDD
DRAMATIG
DILYSRWYDD
EMOSIYNAU
TEIMLAD
TEIMLADAU
EGLURDER
SYNIADAU
ARGRAFF
DWYSEDD
GREDDF
BUDDSODDI
DIGYMELL
MYNEGIANT
DYCHYMYG
BYWIOGRWYDD
HYLIFEDD

68 - Natuur

A	A	E	U	J	P	G	I	H	C	G	R	T	W	X	E
E	N	F	D	A	D	W	M	A	F	D	H	W	B	V	I
H	A	I	O	W	B	Y	U	R	C	Y	E	W	O	Q	M
Z	N	H	F	N	R	L	M	D	O	N	W	D	A	I	L
G	I	E	Y	E	B	L	U	D	E	A	L	E	W	A	T
W	A	D	U	U	I	T	E	W	D	M	I	C	T	M	L
E	L	D	C	A	U	L	Q	C	W	I	F	U	R	Y	F
N	W	Y	E	L	R	D	I	H	I	G	C	L	O	N	P
Y	C	C	A	Y	O	N	Z	A	G	G	U	E	F	Y	F
N	H	H	R	M	J	G	F	I	I	E	E	Q	A	D	H
O	I	L	C	Y	M	F	W	P	F	D	N	P	N	D	Y
W	N	O	T	C	I	H	F	Y	O	V	L	R	N	O	F
A	W	N	I	K	V	R	Z	R	N	H	P	N	O	E	W
Z	S	D	G	X	F	J	L	F	P	I	U	I	L	D	J
H	A	N	F	O	D	O	L	X	V	H	J	W	S	D	L
J	G	H	C	Y	S	E	G	R	F	O	X	L	M	F	I

ARCTIG
MYNYDDOEDD
GWENYN
COEDWIG
ANIFEILIAID
DYNAMIG
DAIL
RHEWLIF
CYSEGR
CLOGWYNI
NIWL
AFON
HEDDYCHLON
HARDDWCH
TAWEL
TROFANNOL
HANFODOL
GWYLLT
ANIALWCH
CYMYLAU

69 - Zoogdieren

U	S	F	Q	A	M	O	K	Y	P	O	H	C	F	G	S
K	G	C	E	X	J	X	U	J	M	O	B	A	I	U	R
C	N	E	G	N	I	N	W	C	N	Q	Y	W	I	Q	B
S	F	F	Z	V	L	U	T	T	X	Y	B	X	N	C	L
L	D	F	T	A	R	W	E	J	B	Q	O	A	U	Q	A
G	L	Y	P	X	Y	T	U	I	C	O	T	Z	H	C	I
E	O	L	E	M	A	C	O	R	F	T	K	Z	L	A	D
S	G	R	P	S	O	O	R	A	G	N	A	K	L	T	D
X	D	M	I	R	Z	W	X	F	W	A	R	P	W	H	N
C	R	C	M	L	B	E	Q	F	M	F	A	N	Y	T	G
N	O	F	T	A	A	L	X	G	N	F	M	X	N	K	L
A	T	Y	Y	B	Z	L	I	A	J	I	B	L	O	Z	L
F	K	U	O	E	D	N	I	F	F	L	O	D	G	V	M
A	N	B	F	T	J	Y	Q	R	R	E	M	W	N	C	I
S	P	P	K	O	E	S	Q	O	E	O	O	O	Y	G	H
X	M	A	M	M	N	A	G	D	U	Q	M	B	U	Z	A

MWNCI
AFANC
COYOTE
DOLFFIN
ASYN
GAFR
JIRAFF
GORILA
CI
CAMEL

KANGAROO
CATH
CWNINGEN
LLEW
ELIFFANT
CEFFYL
TARW
LLWYNOG
MORFIL
BLAIDD

70 - Overheid

S	H	T	E	A	D	O	F	A	R	T	Y	Q	H	D	M
W	Y	Q	D	X	R	U	E	N	Z	W	W	A	E	I	R
U	L	D	A	L	O	A	F	J	U	V	R	P	D	N	M
W	O	A	I	H	X	I	I	P	I	W	T	A	D	A	B
I	H	S	D	S	K	L	M	T	L	O	B	M	Y	S	A
P	T	D	D	R	S	W	H	L	H	I	Z	I	C	Y	R
D	E	M	O	C	R	A	T	I	A	E	T	H	H	D	N
D	A	P	S	C	E	H	E	F	A	N	B	A	L	D	W
Y	L	M	N	Y	D	K	A	I	E	Z	Q	E	O	I	R
N	D	Y	A	F	N	M	I	S	X	F	S	F	N	A	O
I	E	N	F	R	W	R	R	J	X	V	K	V	I	E	L
E	N	A	Y	A	A	V	W	A	R	D	A	L	U	T	H
W	E	I	C	I	I	K	D	I	D	D	Y	H	R	H	F
R	C	R	U	T	F	I	A	B	Y	D	V	F	U	H	A
A	V	A	C	H	Y	P	L	D	E	N	E	C	X	M	D
T	I	P	G	L	C	D	W	Z	A	P	E	Y	R	Z	B

DINASYDDIAETH
SIFIL
DEMOCRATIAETH
TRAFODAETH
BARNWROL
CYFIAWNDER
CYFANSODDIAD
ARWEINYDD
HENEB
CENEDL
CENEDLAETHOL
HAWLIAU
HEDDYCHLON
WLADWRIAETH
SYMBOL
ARAITH
RHYDDID
CYFRAITH
ARDAL

71 - Voertuigen

N	N	N	W	V	I	W	C	W	T	C	T	T	E	C	T
E	F	I	E	X	F	S	C	A	R	A	F	A	N	D	X
X	T	R	C	X	V	W	F	C	Z	W	B	E	I	C	T
N	I	P	J	K	P	B	Q	F	J	M	O	D	U	R	A
T	S	V	L	T	F	H	V	V	O	K	F	D	Z	U	C
I	N	H	R	D	D	Y	N	N	E	R	F	O	H	O	S
R	A	C	F	F	E	R	I	N	D	Q	D	X	K	P	I
I	L	W	L	F	N	R	E	T	W	G	S	D	L	L	U
O	W	C	O	E	R	O	F	N	A	D	G	N	O	L	L
N	I	P	R	F	E	C	T	F	Z	B	A	A	X	S	T
K	B	I	I	I	A	E	N	R	H	D	N	A	N	M	D
Q	M	V	C	S	E	D	W	K	A	E	D	D	D	L	G
I	A	W	Y	R	E	N	T	L	G	C	E	D	W	I	A
E	Q	M	T	F	T	N	Y	R	J	S	T	L	H	H	R
F	C	S	T	H	Z	A	K	M	Ê	Q	O	O	A	M	Q
D	F	Z	U	S	E	P	T	V	H	N	F	K	R	H	P

AMBIWLANS
CAR
TIRION
CWCH
BWS
CARAFAN
BEIC
HOFRENNYDD
ISFFORDD
MODUR
LLONG DANFOR
ROCED
SGWTER
TACSI
TRACTOR
TRÊN
FFERI
AWYREN
LLU
LORI

72 - Geografie

D	Y	B	D	H	P	E	N	G	Z	G	N	S	Z	C	Y
V	I	P	Z	G	F	M	G	K	S	O	R	P	R	Y	B
E	F	N	L	L	E	D	R	E	D	G	U	M	T	H	L
Y	E	P	A	M	H	J	N	K	C	L	D	F	E	Y	E
R	E	F	F	S	I	M	E	H	A	E	M	S	V	D	C
Z	I	V	V	A	O	A	F	E	E	D	N	J	Z	E	V
U	E	L	Y	L	L	Z	F	R	Q	D	Q	D	T	D	W
T	C	C	H	T	R	A	B	N	A	H	R	D	E	D	Q
R	W	H	H	A	Ô	Z	G	Q	U	U	C	M	H	A	B
I	M	E	D	Q	M	G	Z	W	F	S	L	N	O	F	Q
U	X	O	D	E	P	I	X	X	L	J	C	Q	Q	O	Q
W	L	V	Y	T	R	R	I	D	N	A	F	Y	C	N	S
C	V	K	N	A	T	Y	B	N	A	I	D	I	R	E	M
O	V	R	Y	H	G	O	R	L	L	E	W	I	N	M	X
G	I	U	M	A	U	C	E	F	N	F	O	R	E	E	J
C	O	O	R	R	D	Y	N	Y	S	B	D	B	U	V	S

ATLAS
MYNYDD
LLEDRED
CYFANDIR
YNYS
CYHYDEDD
HEMISFFER
UCHDER
MAP
GWLAD
MERIDIAN
GOGLEDD
CEFNFOR
RHANBARTH
AFON
DINAS
BYD
GORLLEWIN
MÔR
DE

73 - Barbecues

M	V	S	O	T	A	M	O	T	G	P	K	O	Z	L	L
P	F	A	H	W	E	H	H	B	Y	R	U	M	S	V	L
G	C	W	T	C	E	B	W	L	Z	U	V	U	I	U	Y
C	B	S	A	G	O	O	L	D	D	H	A	D	R	E	S
E	F	L	K	W	M	E	F	P	W	M	T	G	X	M	I
R	N	E	U	A	S	N	E	L	A	H	N	C	M	I	A
D	E	C	E	H	N	Y	G	S	A	L	A	D	A	U	U
D	T	N	Z	O	E	W	R	C	Y	L	L	Y	L	L	G
O	O	Q	A	D	X	E	C	T	H	V	P	H	I	U	N
R	F	L	M	D	Y	N	R	I	H	C	J	W	R	E	W
I	P	Y	I	I	P	W	Y	D	N	I	Y	B	G	T	X
A	P	E	A	A	U	Q	F	V	Z	I	O	W	L	P	K
E	T	C	O	D	P	S	F	B	B	V	O	N	I	R	N
T	J	V	J	E	U	N	O	F	G	F	R	B	M	Â	K
H	T	E	O	P	R	B	R	K	E	T	U	Y	V	R	R
T	K	F	D	Z	F	F	R	W	Y	T	H	H	O	D	Z

CINIO
TEULU
FFRWYTH
GRIL
LLYSIAU
POETH
NEWYN
PLANT
CYW IÂR
CYLLYLL
CERDDORIAETH
PUPUR
SALADAU
SAWS
TOMATOS
SYRTHION
GWAHODDIAD
FFYRC
HAF
HALEN

74 - Schoonheid

L	X	E	Q	U	M	Z	E	V	Q	U	E	E	T	C	Y
M	L	S	T	S	C	O	Z	C	G	D	C	N	I	A	Q
A	P	I	I	Z	M	D	R	P	U	U	N	R	K	I	Y
S	O	T	W	C	E	I	N	D	E	R	A	W	O	N	P
C	G	A	R	W	T	Q	T	Z	A	S	R	S	P	E	Y
A	R	R	D	Z	W	W	H	E	C	Z	G	I	G	K	N
R	A	S	D	U	A	H	T	E	A	N	A	S	A	W	G
A	S	G	Y	F	N	C	C	J	M	F	R	F	Z	M	H
C	U	R	L	S	B	Y	L	N	L	X	F	F	V	X	C
B	H	I	I	W	S	R	O	M	S	B	L	Z	P	T	K
K	R	M	E	F	R	D	R	L	O	X	L	Q	K	W	H
U	Y	Q	T	R	P	A	Z	V	T	Y	Y	S	W	Y	N
N	Q	Y	S	U	F	M	I	H	V	T	F	Q	G	Q	W
M	I	N	L	L	I	W	A	K	F	D	N	Z	R	R	P
F	F	O	T	O	G	E	N	I	G	Y	Q	Z	L	R	G
I	W	I	U	C	M	V	B	V	S	L	A	M	E	V	I

SWYN
COLUR
GWASANAETHAU
CAIN
CEINDER
FFOTOGENIG
GRAS
FRAGRANCE
LLYFN
CROEN
LLIW
CURLS
MINLLIW
MASCARA
SISWRN
SIAMP
DRYCH
STEILYDD

75 - Wetenschappelijke Discip

B	Q	I	K	M	G	X	Q	C	W	D	M	A	E	T	H
I	B	M	L	W	E	E	S	E	I	C	O	L	E	G	T
O	H	I	L	Y	L	C	B	O	G	G	M	B	H	E	E
L	T	W	Y	N	O	O	I	A	E	Z	A	V	B	L	A
E	E	N	S	G	E	L	O	I	S	I	F	F	V	O	I
G	A	O	I	L	A	E	E	I	A	U	Y	Y	H	R	D
E	I	L	E	A	H	G	U	E	H	L	F	B	J	W	D
L	D	E	U	W	C	X	F	D	T	V	U	D	N	I	Y
O	D	G	E	D	R	X	H	T	I	G	T	F	X	N	R
R	Y	A	G	D	A	G	E	M	E	C	O	I	B	Z	E
O	F	O	E	W	G	N	E	E	D	G	I	O	P	C	S
E	O	A	S	A	W	K	P	C	M	N	D	E	A	E	N
T	L	J	O	Q	R	A	D	A	Y	J	D	Z	B	M	J
E	I	I	L	K	U	E	A	N	C	Z	W	L	Z	E	O
M	M	J	P	K	N	B	G	E	T	O	B	O	R	G	H
A	N	A	T	O	M	E	G	G	A	Q	I	U	K	J	J

ANATOMEG
ARCHAEOLEG
SERYDDIAETH
BIOCEMEG
BIOLEG
CEMEG
ECOLEG
FFISIOLEG
DAEAREG
IMIWNOLEG
MECANEG
METEOROLEG
MWYNGLAWDD
NIWROLEG
LLYSIEUEG
SEICOLEG
ROBOTEG
CYMDEITHASEG
MAETH
MILOFYDDIAETH

76 - Bijvoeglijke Naamwoorden

D	D	Y	W	E	N	Y	M	X	C	U	X	P	T	F	M
F	R	Z	Q	Q	V	J	G	W	Y	L	L	T	U	U	A
Y	S	A	B	T	P	K	N	I	A	C	H	N	I	R	H
C	H	X	M	A	E	S	F	D	I	D	D	O	R	O	L
Y	J	A	V	A	G	Y	S	G	L	Y	D	E	W	W	Q
F	Y	R	C	O	T	L	L	A	H	P	M	P	K	H	H
R	G	K	R	L	O	I	H	C	R	Y	H	N	Y	C	U
I	N	M	N	R	Q	O	G	A	R	F	E	R	O	L	N
F	T	X	L	N	Z	B	I	R	L	U	H	K	B	A	Z
O	M	T	D	F	W	L	D	Y	L	G	W	L	L	F	D
L	D	A	W	N	U	S	E	H	T	Q	Y	I	D	Z	I
H	U	U	P	R	E	F	N	D	J	H	N	T	B	V	L
H	A	A	L	O	D	A	I	F	I	R	G	S	I	D	Y
G	I	E	S	E	C	T	L	O	I	R	U	T	A	N	S
W	H	D	L	C	Y	L	F	D	R	G	M	O	K	K	Z
C	R	E	A	D	I	G	O	L	Q	T	U	U	Z	P	Y

DILYS
DAWNUS
DISGRIFIADOL
CREADIGOL
DRAMATIG
IACH
LLWGLYD
DIDDOROL
FLINEDIG
NATURIOL
NEWYDD
ARFEROL
CYNHYRCHIOL
GYSGLYD
CRYF
FALCH
CYFRIFOL
GWYLLT
HALLT
PUR

77 - Kleding

V	E	X	R	S	N	C	P	E	B	Q	J	M	G	A	O
G	S	P	V	G	R	M	S	Y	G	E	R	W	G	D	S
B	G	K	H	A	M	V	Q	B	J	Z	N	V	Z	N	I
C	I	Q	M	R	T	C	R	R	T	A	F	M	M	A	A
H	D	S	D	F	E	X	T	E	H	M	M	M	K	B	C
W	H	L	V	F	Z	M	Q	I	P	O	H	A	F	O	E
Y	V	C	G	V	W	D	G	C	M	T	Z	R	S	D	D
S	B	G	W	P	C	L	H	H	C	Z	H	O	Y	W	P
W	G	I	I	S	B	U	M	L	C	Ô	T	N	R	O	G
R	L	G	S	Q	A	L	G	E	C	R	P	W	C	H	W
F	C	G	G	D	U	N	O	D	M	E	N	I	G	O	U
A	E	T	P	C	M	R	D	W	D	Q	C	S	M	M	R
C	K	S	G	E	R	T	E	A	S	T	N	A	P	C	X
D	C	P	Z	C	R	P	F	V	L	R	S	F	N	V	Z
J	E	S	I	B	G	Y	F	Q	H	A	M	F	I	O	G
G	B	T	Z	U	O	G	T	V	E	Z	U	A	N	A	S

BREICHLED
BLOWS
PANTS
MENIG
HET
CÔT
SIACED
GWISG
ADNABOD
FFASIWN
PYJAMAS
GWREGYS
SGERT
SANDALAU
ESGID
FFEDOG
CRYS
SGARFF
SANAU
CHWYSWR

78 - Vliegtuigen

D	Y	R	D	A	I	R	I	E	F	Y	C	N	A	M	T
I	J	X	F	J	W	I	R	C	I	B	U	T	I	Q	A
T	G	F	J	I	P	Y	F	V	P	O	N	U	X	H	N
G	P	J	U	S	B	K	R	D	Y	L	U	N	I	O	W
W	D	C	F	K	G	M	H	G	M	Z	O	D	Y	T	Y
G	W	W	I	T	P	B	N	M	Y	X	M	D	V	L	D
S	L	K	L	X	V	Q	Y	Z	I	L	O	W	A	Y	D
D	R	A	P	G	Q	O	T	B	Z	A	C	L	N	W	W
T	V	O	N	P	E	I	R	I	A	N	T	H	T	I	U
Q	E	L	O	I	V	S	H	M	C	V	H	K	U	O	C
O	O	I	Q	O	O	N	P	E	I	L	O	T	R	B	H
Z	J	J	T	L	D	A	I	N	Y	G	S	I	D	A	D
G	S	V	Q	H	J	L	V	B	K	S	E	F	E	L	E
H	A	N	E	S	W	A	D	E	I	L	A	D	U	Ŵ	R
A	W	Y	R	F	R	Y	C	Y	N	N	W	R	F	N	J
B	W	F	I	Y	P	N	R	H	Y	D	R	O	G	E	N

DISGYNIAD
AWYRGYLCH
ANTUR
BALŴN
CRIW
ADEILADU
TANWYDD
HANES
UCHDER
LANSIO
GLANIO
AWYR
PEIRIANT
LYWIO
DYLUNIO
TEITHWYR
PEILOT
CYFEIRIAD
CYNNWRF
HYDROGEN

79 - Herbalisme

P	B	N	L	P	E	R	S	L	I	R	T	I	O	S	B
Q	A	R	H	O	S	M	A	R	A	W	F	D	E	O	A
U	S	G	I	T	A	M	O	R	A	T	B	J	P	S	D
O	I	Q	Z	Z	N	O	Y	T	A	R	A	G	O	N	B
S	L	X	T	J	S	L	A	F	A	N	T	C	N	O	L
D	A	X	I	M	A	R	O	J	R	A	M	O	A	I	A
B	I	F	E	R	W	J	O	R	F	E	T	G	G	S	S
P	L	K	F	G	D	D	R	Y	W	G	E	I	E	Y	F
R	J	O	Z	R	D	D	R	A	G	E	I	N	R	W	F
T	Z	L	D	Y	W	D	G	A	I	L	M	I	O	H	E
D	I	L	U	Y	Y	M	H	P	P	L	D	O	V	N	N
W	T	A	M	V	N	F	I	R	R	R	E	U	I	Y	I
A	U	X	B	O	W	P	A	J	P	A	M	V	Q	C	G
K	G	M	J	O	Z	U	H	I	O	G	P	Q	Q	J	L
Y	G	N	T	R	B	J	V	M	B	N	F	O	V	W	W
D	N	A	P	E	F	U	Y	U	I	V	Z	I	J	I	V

AROMATIG
BASIL
BLODYN
COGINIO
DIL
TARAGON
GWYRDD
CYNHWYSION
GARLLEG
ANSAWDD
LAFANT
MARJORAM
OREGANO
PERSLI
RHOSMAR
SAFFRWM
BLAS
TEIM
GARDD
FFENIGL

80 - Kracht en Zwaartekracht

C	Y	F	L	Y	M	D	E	R	E	P	W	Y	S	A	U
M	A	G	N	E	T	E	G	C	U	F	O	E	M	Q	Q
E	T	Q	N	P	G	F	U	O	G	A	F	W	C	Q	Z
F	C	Y	F	F	R	E	D	I	N	O	L	A	X	Q	P
F	F	N	S	M	G	E	A	G	A	F	L	B	I	P	L
F	D	I	Q	K	E	C	I	E	H	K	C	J	E	T	E
R	N	I	S	R	C	H	D	N	E	R	W	R	W	N	H
I	K	H	I	E	J	E	D	A	O	R	B	I	T	I	C
T	X	B	S	T	G	L	Y	C	M	P	V	C	T	A	A
H	A	Q	F	L	I	B	F	E	G	S	Z	R	E	M	N
I	O	B	P	L	N	F	N	M	S	U	E	F	I	O	O
A	K	H	O	E	N	A	A	D	R	A	Z	R	D	P	L
N	A	N	Q	P	Y	N	G	I	M	A	N	Y	D	U	L
T	T	I	Y	R	C	N	R	D	F	J	I	M	O	V	Y
M	S	R	K	F	S	I	A	P	L	A	N	E	D	A	U
J	T	W	B	I	J	G	D	K	K	M	Y	I	O	E	D

PELLTER
ECHEL
ORBIT
CYNNIG
CANOL
PWYSAU
DYNAMIG
EIDDO
EFFAITH
MAGNETEG

MECANEG
FFISEG
MAINT
DARGANFYDDIAD
PLANEDAU
CYFLYMDER
AMSER
EHANGU
CYFFREDINOL
FFRITHIANT

81 - Het Bedrijf

W	C	I	A	S	S	C	T	P	P	B	P	C	U	C	C
X	U	E	H	G	L	R	Y	E	O	U	R	Y	A	Y	Y
X	C	Q	S	G	U	E	U	N	S	D	O	N	Z	N	F
C	Q	H	P	V	K	A	A	D	I	D	F	N	J	N	L
O	Y	I	W	C	X	D	D	E	B	S	F	Y	C	Y	O
R	V	F	T	K	R	I	A	R	I	O	E	D	Y	R	G
Z	V	L	L	G	U	G	I	F	L	D	S	D	F	C	A
C	G	S	O	O	G	O	D	Y	R	D	I	I	L	H	E
L	N	M	S	V	G	L	D	N	W	I	Y	G	W	K	T
U	A	D	E	N	U	A	E	I	Y	A	N	U	Y	F	H
L	E	M	O	S	G	O	U	A	D	D	O	Y	N	R	P
I	D	L	L	E	W	B	T	D	D	T	L	T	I	L	E
Z	Y	T	R	X	N	A	N	S	A	W	D	D	A	Y	U
U	B	S	A	R	K	W	I	N	E	F	E	R	D	O	K
Y	S	P	T	N	A	I	D	Y	W	I	D	I	H	K	R
B	U	S	N	E	S	K	U	A	I	G	S	I	R	L	Q

PENDERFYNIAD
CREADIGOL
UNEDAU
BYD-EANG
DIWYDIANT
REFENIW
ARLOESOL
BUDDSODDIAD
ANSAWDD
CYFLOGAU
POSIBILRWYDD
CYFLWYNIAD
CYNNYRCH
PROFFESIYNOL
ENW DA
RISGIAU
TUEDDIADAU
CYNNYDD
CYFLOGAETH
BUSNES

82 - Rijden

Q	H	C	X	J	G	R	Y	T	I	D	W	T	G	P	L
O	H	Y	H	T	Z	T	V	B	W	A	F	D	T	E	A
H	K	F	Q	S	V	N	N	R	G	N	Q	O	I	R	N
E	C	L	S	S	I	W	A	K	D	I	N	Z	G	Y	M
D	M	Y	L	Y	D	Y	H	T	D	L	X	E	X	G	F
D	O	M	C	P	B	L	N	Q	Y	O	D	H	L	L	R
L	Y	D	K	D	E	D	D	Y	W	R	T	C	V	U	U
U	N	E	G	E	Y	F	O	U	N	I	A	W	M	A	D
G	Q	R	K	M	Y	R	L	P	A	M	Y	L	I	I	O
I	A	B	D	D	Z	A	T	O	T	L	I	E	H	C	M
F	Z	R	E	C	I	C	Q	S	U	Z	M	G	L	E	C
F	M	U	E	P	E	W	K	M	S	X	N	O	U	R	I
A	Y	D	V	J	D	I	H	E	F	G	E	I	R	B	E
R	K	O	O	V	F	F	O	R	D	D	P	D	Q	O	B
T	J	M	U	L	J	V	X	S	W	K	P	R	E	K	X
V	E	G	X	P	C	E	R	D	D	W	Y	R	H	N	Z

CAR
TANWYDD
GAREJ
NWY
PERYGL
MAP
TRWYDDED
MODUR
BEIC MODUR
DAMWAIN
HEDDLU
BRECIAU
CYFLYMDER
STRYD
TWNNEL
DIOGELWCH
TRAFFIG
CERDDWYR
LORI
FFORDD

83 - Wetenschap

E	I	E	V	Q	F	L	L	U	D	W	A	T	O	M	J
A	B	V	I	U	F	H	I	N	S	A	W	D	D	G	U
O	N	U	C	P	A	I	N	S	U	G	C	D	D	R	B
I	O	P	W	F	I	B	G	C	O	D	Q	Y	A	O	X
H	I	A	T	F	T	R	Z	H	B	F	X	N	I	N	L
T	G	M	O	U	H	U	E	C	T	A	F	O	G	Y	K
E	I	M	U	M	O	J	L	A	B	O	R	D	Y	N	A
A	H	N	O	C	E	M	E	G	O	L	S	D	L	N	R
I	N	Z	R	L	D	P	M	I	H	R	O	Y	B	A	B
N	A	T	U	R	E	A	S	Q	S	M	W	W	S	U	R
A	L	T	A	Q	J	C	T	J	Q	U	Z	G	E	E	A
C	P	M	N	E	V	W	I	A	U	B	U	P	R	T	W
M	D	F	Y	H	S	N	C	W	A	O	H	A	G	A	F
A	X	P	W	V	I	E	E	O	L	N	K	D	O	A	Y
D	T	B	M	F	F	I	S	E	G	A	L	F	C	P	Z
D	O	R	G	A	N	E	B	W	N	W	U	Z	X	X	I

ATOM
CEMEGOL
GRONYNNAU
ESBLYGIAD
ARBRAWF
FFAITH
FFOSIL
DATA
DDAMCANIAETH
HINSAWDD
LABORDY
DULL
MWYNAU
MOLECIWLAU
NATUR
FFISEG
ORGANEB
PLANHIGION
GWYDDONYDD

84 - Natuurkunde

J	M	S	U	Q	H	F	Z	O	F	F	A	D	C	N	U
M	V	X	A	C	D	H	F	U	Q	V	T	C	P	T	D
I	I	Q	C	M	G	X	L	V	T	R	O	L	G	X	K
U	C	F	X	B	E	Z	O	N	N	X	M	V	U	S	N
Y	M	L	A	C	I	O	G	O	A	R	B	R	A	W	F
C	Y	F	L	Y	M	D	E	R	I	E	M	Y	N	C	E
Q	W	O	D	O	Z	Q	M	T	R	D	E	X	N	Y	R
A	N	Q	P	W	N	X	E	C	I	L	C	Q	Y	F	H
L	S	L	G	Y	Y	I	C	E	E	M	A	M	N	L	N
W	G	I	E	U	O	S	D	L	P	A	N	V	O	Y	A
I	F	Q	T	L	M	S	E	E	Z	E	E	A	R	M	T
M	O	L	E	C	I	W	L	D	R	B	G	M	G	I	U
R	H	M	N	T	B	Y	O	X	D	F	W	À	W	A	T
O	C	P	G	T	G	M	T	W	G	Q	F	S	N	D	M
F	A	X	A	Y	U	Z	R	D	G	O	U	Y	N	V	A
F	F	X	M	A	N	I	S	R	M	N	X	W	C	W	R

ATOM
ANHREFN
CEMEGOL
GRONYNNAU
DWYSEDD
ELECTRON
ARBRAWF
FFORMIWLA
AMLDER
NWY
MAGNETEG
MÀS
MECANEG
MOLECIWL
PEIRIANT
YMLACIO
CYFLYMDER
CYFFREDINOL
CYFLYMIAD

85 - Antiek

A	Y	E	P	S	C	Y	R	S	S	D	D	G	J	C	D
K	R	Y	D	D	W	A	S	N	A	I	R	V	D	A	O
H	E	D	G	R	W	N	N	E	H	L	B	A	Q	S	D
H	F	D	D	U	L	E	I	R	O	Y	R	X	M	G	R
B	D	H	A	U	M	J	A	Y	I	S	L	H	H	L	E
U	A	O	H	R	L	S	C	I	B	F	P	M	T	W	F
D	P	R	I	S	N	L	O	N	R	U	D	D	A	R	N
D	A	V	H	T	N	A	I	H	T	R	E	W	R	A	N
S	C	L	T	R	E	R	U	L	N	P	N	X	Z	T	Q
O	C	E	R	F	L	U	N	A	V	M	K	I	M	G	C
D	Z	E	E	B	O	V	O	I	R	D	J	A	E	M	H
D	V	Q	W	Y	C	A	I	H	L	I	Q	B	U	Y	B
I	W	U	G	I	E	H	K	S	N	H	A	M	P	Y	O
A	U	E	N	R	L	R	X	S	P	Y	Z	N	X	T	I
D	U	G	R	F	F	P	A	E	N	T	I	A	D	A	U
A	N	A	R	F	E	R	O	L	O	H	C	D	J	Z	W

DILYS
CERFLUN
ADDURNOL
CANRIF
CAIN
ORIEL
BUDDSODDIAD
CELF
ANSAWDD
DODREFN
DARNAU ARIAN
ANARFEROL
HEN
PRIS
ADFER
PAENTIADAU
ARDDULL
ARWERTHIANT
CASGLWR
GWERTH

86 - Koffie

O	S	D	B	A	T	R	G	C	N	W	J	D	J	J	E
N	I	U	N	S	S	A	C	R	A	Z	P	I	O	X	Q
P	W	G	O	I	O	G	R	M	O	F	B	L	A	S	B
L	G	B	I	D	H	T	Ŵ	D	G	I	F	Q	G	V	U
L	R	G	U	I	R	D	D	K	D	P	R	E	R	O	B
A	G	W	L	G	O	R	A	Y	R	I	Z	I	I	J	X
E	I	C	I	R	Z	C	B	N	G	I	A	Y	I	N	U
T	B	P	E	M	K	C	H	D	S	O	M	D	D	V	E
H	L	V	U	U	A	P	D	W	N	N	X	D	W	M	V
H	I	D	L	O	C	W	I	H	E	V	G	C	U	Z	P
E	M	D	V	J	L	L	O	Q	F	R	H	Y	L	I	F
P	R	I	S	F	I	U	D	I	U	T	W	H	A	C	C
B	G	Y	K	O	M	B	L	O	H	F	M	S	M	L	W
A	M	R	Y	W	I	A	E	T	H	E	Y	O	W	Y	P
A	V	J	O	U	P	Q	R	X	R	T	L	Y	X	R	A
F	L	Z	N	U	A	T	S	E	N	L	S	E	G	P	N

AROGL
CWPAN
CHWERW
CAFFEIN
DIOD
HIDLO
RHOST
MALU
LLAETH
BORE

TARDDIAD
PRIS
HUFEN
BLAS
SIWGR
AMRYWIAETH
HYLIF
DŴR
ASIDIG
DU

87 - Schaken

I	L	S	X	Q	A	T	T	G	G	L	X	A	H	H	M
D	L	Q	F	A	W	K	D	C	L	Ê	M	B	I	W	G
D	E	P	E	N	C	A	M	P	W	R	M	E	N	U	I
Y	T	V	L	Z	J	G	M	C	T	V	K	R	U	G	H
S	R	K	D	H	B	W	N	W	H	N	M	T	J	A	G
G	A	G	O	D	D	E	F	O	L	Z	I	H	H	Q	B
U	W	N	D	D	Y	B	E	N	Y	W	H	T	R	W	G
U	S	D	U	G	G	G	R	W	E	A	R	A	W	H	C
J	D	H	G	U	A	L	O	E	H	R	R	Y	A	T	R
B	H	E	R	I	A	U	D	R	N	Y	W	G	F	T	J
R	R	V	V	M	Z	D	J	G	N	H	G	F	S	Z	H
H	T	E	A	G	E	T	A	R	T	S	I	E	Z	Y	T
K	D	T	N	I	A	M	A	N	R	W	T	N	D	L	K
N	B	U	A	I	T	N	Y	W	P	X	Y	D	E	N	Z
P	Y	V	R	M	N	A	M	S	E	R	Q	N	W	S	E
G	Y	S	T	A	D	L	E	U	A	E	T	H	O	E	K

LLETRAWS
PENCAMPWR
BRENIN
BRENHINES
I DDYSGU
ABERTH
GODDEFOL
PWYNTIAU
RHEOLAU
GÊM
CHWARAEWR
STRATEGAETH
GWRTHWYNEBYDD
AMSER
TWRNAMAINT
HERIAU
GYSTADLEUAETH
GWYN
DU

88 - Boerderij #1

D	G	R	Z	K	E	N	A	F	M	S	V	O	R	E	Z
E	D	X	Y	D	N	A	Y	F	N	I	R	Z	R	I	S
R	C	I	C	N	M	O	C	E	F	U	W	K	U	X	L
N	B	V	A	N	D	O	I	N	Y	S	A	C	D	V	Y
M	P	C	K	D	S	B	C	S	E	A	M	Y	Y	I	O
B	U	W	C	H	E	Z	Q	H	M	J	H	W	J	S	G
X	M	D	W	T	V	L	Ê	M	Y	X	C	I	H	N	O
O	M	Z	X	I	Z	Y	L	I	Z	N	Q	Â	Q	I	Q
E	X	H	J	A	H	F	N	G	J	Y	Â	R	F	A	G
R	E	I	S	T	B	F	M	W	R	N	D	R	D	Q	N
Ŵ	D	M	K	R	V	E	H	O	B	E	E	I	F	B	N
D	P	E	K	W	Y	C	A	Z	L	W	E	A	H	H	P
P	I	I	B	G	T	C	D	D	J	G	L	W	I	U	H
N	M	I	C	N	A	Z	A	I	I	S	L	G	P	C	R
C	F	C	A	T	H	T	U	C	Q	E	O	Z	E	E	U
E	M	H	Q	O	M	S	K	Z	I	Y	E	U	P	Z	D

GWENYN
ASYN
GAFR
FFENS
CI
MÊL
GWAIR
LLO
CATH
CYW IÂR

BUWCH
FRÂN
DDIADELL
GWRTAITH
CEFFYL
REIS
MOCHYN
MAES
DŴR
HADAU

89 - Huis

C	H	T	F	F	U	F	F	E	N	S	Q	Z	Q	F	D
E	E	N	T	O	U	D	L	L	E	F	A	T	S	Y	O
G	W	S	X	B	R	W	A	L	S	I	L	D	F	K	D
I	A	N	M	I	S	O	M	A	L	P	A	D	M	I	R
N	G	O	X	N	A	C	P	W	S	G	A	R	E	J	E
G	Â	O	Y	T	D	R	Y	C	H	V	U	A	X	N	F
I	O	T	R	W	F	M	X	R	Z	Z	V	G	W	S	N
M	I	K	E	D	A	X	Q	J	A	G	Z	T	A	D	Y
Z	O	B	K	L	L	E	G	R	F	Y	L	L	B	A	M
B	Y	H	V	U	L	T	S	J	O	A	L	V	C	M	F
X	B	B	W	P	K	O	S	K	R	T	L	S	A	H	I
T	R	E	G	S	L	I	R	H	U	F	S	D	O	B	A
D	O	W	A	C	K	K	Y	X	G	D	W	F	N	E	N
R	U	G	E	P	M	N	E	W	D	P	R	Y	B	G	N
B	A	N	A	D	L	L	I	I	K	L	T	W	E	O	L
Y	S	T	A	F	E	L	L	W	E	L	Y	F	S	L	T

BANADL
LLYFRGELL
TO
DRWS
CAWOD
GAREJ
LLE TÂN
FFENS
YSTAFELL
ISLAWR
CEGIN
LAMP
DODREFN
WAL
NENFWD
SIMNAI
YSTAFELL WELY
DRYCH
RUG
GARDD

90 - Geometrie

E	F	C	A	N	O	L	R	I	F	M	F	H	R	X	Z
D	E	N	X	R	S	C	Y	M	E	S	U	R	E	D	D
F	R	E	R	Z	Z	X	B	C	T	G	O	C	S	D	J
C	T	Q	H	P	U	M	A	Y	Q	T	H	N	W	F	X
F	I	M	E	T	D	A	I	L	A	F	A	H	G	T	C
Y	G	L	S	K	X	O	J	C	J	G	B	L	N	L	T
R	O	F	Y	U	G	O	R	H	C	O	F	Y	C	L	R
T	L	P	M	N	W	I	S	N	E	M	I	D	H	O	I
S	H	N	E	P	Y	C	Y	F	R	I	F	I	A	D	O
G	E	E	G	C	N	I	U	S	Q	S	W	I	I	D	N
R	M	G	O	M	E	E	C	S	R	U	G	F	W	E	G
O	J	C	M	R	B	E	H	Q	J	Q	U	B	X	W	L
M	I	K	O	E	I	L	D	X	N	Z	Q	O	G	R	E
L	U	E	Q	O	N	F	E	S	S	J	Y	I	G	O	R
I	G	F	Q	P	F	T	R	Z	F	S	M	À	S	L	Q
N	W	F	J	R	C	E	D	I	A	M	E	D	R	L	P

CYFRIFIAD
CYLCH
GROMLIN
DIAMEDR
DIMENSIWN
TRIONGL
ONGL
UCHDER
LLORWEDDOL
RHESYMEG
MÀS
CANOLRIF
WYNEB
CYFOCHROG
SEGMENT
CYMESUREDD
THEORI
HAFALIAD
FERTIGOL

91 - Jazz

C	E	T	E	C	H	N	E	G	I	F	J	C	F	A	X
X	E	N	E	H	S	R	Y	F	Y	F	R	Y	B	L	I
S	O	C	W	X	T	U	Z	R	Q	E	O	F	A	B	O
N	P	Y	C	O	K	X	Q	N	A	F	R	A	R	W	C
N	I	M	Y	C	G	A	W	U	X	R	H	N	T	M	E
L	K	E	F	X	E	S	W	S	U	Y	Y	S	I	V	R
L	V	R	A	X	V	R	D	K	Z	N	T	O	S	L	D
B	V	A	N	Â	C	T	D	D	A	N	H	D	T	A	D
B	G	D	S	R	Z	N	Y	D	R	A	M	D	N	R	O
E	Z	W	O	I	F	T	W	R	O	U	Z	I	E	D	R
E	W	Y	D	B	A	X	E	E	S	R	R	A	L	D	F
B	U	A	D	A	G	L	N	G	L	E	I	D	A	U	A
O	T	E	W	P	E	G	S	N	K	Z	P	A	T	L	X
J	T	T	R	E	N	X	K	Y	Q	I	Z	H	E	L	W
Z	L	H	W	X	R	C	K	C	W	B	H	G	F	T	I
V	Y	J	X	O	E	S	I	H	U	P	Y	T	A	B	H

ALBWM
CYMERADWYAETH
ARTIST
ENWOG
CYFANSODDWR
CYNGERDD
FFEFRYNNAU
GENRE
BYRFYFYR
CÂN
CERDDORIAETH
PWYSLAIS
NEWYDD
CERDDORFA
HEN
RHYTHM
CYFANSODDIAD
ARDDULL
TALENT
TECHNEG

92 - Getallen

Z	N	D	Y	C	Y	U	T	P	D	N	Q	A	Q	B	V
F	P	N	E	D	E	G	W	E	D	E	I	B	Z	W	X
W	K	X	A	U	W	X	K	D	E	M	U	Y	A	B	D
F	J	Z	K	G	N	U	I	W	G	F	Z	D	B	S	H
G	M	V	R	E	U	A	W	A	O	M	Z	H	D	D	N
P	Y	M	T	H	E	G	W	R	L	A	Z	E	U	E	M
M	N	I	F	T	S	Q	A	X	M	T	G	N	G	Q	G
U	P	T	F	M	N	Y	D	E	G	H	C	E	W	H	C
P	E	P	O	Y	X	B	A	W	E	M	Q	U	A	T	H
Z	E	Y	L	B	D	Y	U	N	D	A	L	F	N	I	T
T	C	M	O	R	G	S	K	I	D	W	Z	M	S	A	B
N	O	A	X	A	G	E	K	A	R	Y	K	X	Y	S	C
X	V	O	N	N	U	R	J	G	A	T	A	U	L	D	Z
E	W	H	Z	U	U	O	T	U	I	H	V	Q	K	I	G
L	X	F	A	K	F	Y	L	M	R	Y	W	W	S	T	X
J	E	I	N	S	W	W	X	F	T	N	G	K	Y	P	J

WYTH
DEUNAW
DEGOL
TRI AR DDEG
TRI
UN
NAW
SERO
DEG
DEUDDEG

DAU
UGAIN
PEDWAR
PUMP
PYMTHEG
MATH
CHWECH
UN AR BYMTHEG
SAITH

93 - Boksen

I	F	N	Ê	S	D	F	E	X	R	L	C	A	P	S	P
T	L	I	H	J	U	G	P	B	E	E	Y	R	Y	C	W
Y	M	L	A	D	D	W	C	R	V	N	F	D	D	T	Y
R	S	E	A	D	Q	R	A	Y	Y	R	L	D	Q	C	N
Y	W	N	R	W	D	T	I	O	K	O	Y	A	A	Y	T
D	M	E	R	L	A	H	C	O	L	C	M	N	W	F	I
V	A	P	C	Q	B	W	L	D	C	T	A	G	H	A	A
W	H	K	M	Z	E	Y	B	G	L	Y	H	O	N	N	U
N	L	F	E	I	Q	N	O	K	J	H	Q	S	A	A	C
F	F	O	C	W	S	E	R	H	A	F	F	A	U	F	R
W	R	I	C	N	Z	B	M	L	V	H	X	Z	U	I	Y
O	M	C	Q	F	H	Y	P	E	H	N	I	B	U	A	F
K	D	I	H	S	T	D	P	M	N	S	R	X	Y	D	D
U	L	C	N	U	I	D	W	V	Y	I	G	X	O	A	E
X	J	F	S	H	C	C	O	R	F	F	G	T	O	U	R
F	N	C	L	Y	T	L	C	A	N	O	L	W	R	U	A

PENELIN
FFOCWS
MENIG
ADFER
CORNEL
ÊN
CLOCH
CRYFDER
CORFF
PWYNTIAU
CANOLWR
CICIO
CYFLYM
GWRTHWYNEBYDD
RHAFFAU
ARDDANGOS
YMLADD
ANAFIADAU
DWRN

94 - Boerderij #2

Q	Y	P	C	O	J	L	G	Z	C	X	K	R	D	J	D
O	H	N	N	I	C	A	G	W	P	Q	J	P	R	C	Ô
D	E	F	A	I	D	M	K	H	E	G	R	P	V	Z	L
F	B	G	L	V	E	A	V	G	Y	N	E	O	G	I	C
F	G	Z	L	R	X	U	Z	L	E	E	I	B	P	Y	I
E	W	O	R	O	H	W	Y	A	D	E	N	T	W	Z	T
R	S	K	E	B	O	Y	V	B	X	O	R	J	H	Y	T
M	E	J	B	U	S	F	J	O	U	I	O	O	E	H	D
W	E	G	Q	G	Z	D	Q	X	S	G	C	B	M	A	L
R	N	T	O	S	D	V	F	O	E	Y	A	F	G	I	L
U	S	H	T	Y	W	R	F	F	G	N	C	I	W	D	Y
E	F	T	A	E	D	D	F	E	D	H	G	R	L	D	S
C	Z	E	A	N	I	F	E	I	L	I	A	I	D	U	I
T	R	A	C	T	O	R	D	Y	F	R	H	A	U	Z	A
Y	Y	L	F	J	U	N	W	T	R	G	Y	F	S	G	U
H	F	L	P	E	E	M	N	Q	R	X	P	B	X	M	C

FFERMWR
BERLLAN
ANIFEILIAID
HWYADEN
FFRWYTH
HAIDD
LLYSIAU
BUGAIL
DYFRHAU
CIG OEN
LAMA
CORN
LLAETH
AEDDFED
DEFAID
YSGUBOR
GWENITH
TRACTOR
BWYD
DÔL

95 - Psychologie

S	R	B	E	P	A	A	K	E	K	U	P	F	T	K	W
U	E	T	R	R	G	S	P	J	I	W	E	K	E	V	I
A	A	P	H	O	D	B	L	Q	N	E	R	T	I	N	H
D	L	I	C	E	B	K	Z	J	E	M	S	U	M	N	Z
A	I	E	L	N	R	L	Y	Y	R	Y	O	I	L	P	V
I	T	M	E	Y	T	A	E	Z	L	L	N	R	A	Q	F
F	I	O	G	P	D	H	P	M	O	Y	O	S	D	C	Q
O	E	S	O	L	Y	D	C	I	D	Q	L	L	A	Z	O
R	F	I	R	E	M	Y	E	L	O	G	I	N	I	L	C
P	W	Y	A	N	D	L	N	M	B	Y	A	O	S	M	Y
Z	S	N	D	T	D	B	D	W	Y	S	E	I	E	R	W
O	J	A	H	Y	Y	H	T	J	W	P	T	F	S	R	P
M	P	U	T	N	G	G	Q	F	M	L	H	O	A	K	V
L	N	X	R	D	I	P	O	M	Y	F	F	G	Z	J	K
H	C	W	W	O	A	D	E	C	N	W	X	T	K	H	Q
B	K	I	G	D	D	U	A	D	A	W	N	A	L	Y	D

ASESIAD
ANYMWYBODOL
GWRTHDARO
EGO
EMOSIYNAU
PROFIADAU
MEDDYLIAU
YMDDYGIAD
TEIMLAD
ATGOFION
DYLANWADAU
PLENTYNDOD
CLINIGOL
PERSONOLIAETH
BROBLEM
REALITI
THERAPI

96 - Elektriciteit

S	T	O	R	I	O	F	F	Ô	N	Z	J	W	G	G	K
D	W	T	I	R	P	D	Y	E	A	V	H	C	E	W	F
O	S	G	R	T	N	I	A	M	D	M	A	C	N	R	P
G	F	P	M	A	L	O	D	D	Y	G	E	N	E	T	T
M	W	F	G	B	H	O	E	A	R	E	Z	M	R	H	R
G	R	I	E	B	L	Y	A	Q	T	R	I	A	A	R	Y
T	E	N	F	R	N	Q	Y	H	D	I	H	G	D	Y	D
E	K	K	J	R	X	S	M	R	N	H	T	N	U	C	A
L	J	B	C	H	A	F	X	I	V	R	I	E	R	H	N
E	Z	G	Q	D	I	U	D	F	X	P	A	T	E	A	W
D	R	A	Z	O	K	C	L	W	S	S	W	D	S	U	R
U	T	D	T	L	B	L	B	B	W	K	D	P	A	J	F
P	D	Z	O	S	O	C	E	D	P	Q	Y	U	L	C	G
G	M	D	E	E	E	R	C	S	F	W	W	R	Y	K	H
O	Q	Q	M	R	S	F	W	C	X	J	H	I	F	Z	V
G	I	P	L	S	D	N	G	E	D	N	R	I	Y	C	X

BATRI
OFFER
GWIFRAU
TRYDANWR
TRYDAN
GENERADUR
MAINT
CEBL
LAMP
LASER
MAGNET
NEGYDDOL
RHWYDWAITH
GWRTHRYCHAU
STORIO
CADARNHAOL
SOCED
FFÔN
TELEDU

97 - Zakelijk

M	C	C	Y	F	L	O	G	W	R	T	K	D	J	U	N
G	Z	Y	A	R	I	A	N	L	D	S	R	A	P	A	R
Y	Y	V	L	A	F	G	N	E	L	O	F	E	W	L	U
R	L	Y	C	L	N	N	T	W	W	C	U	Y	T	L	M
F	E	R	N	I	I	R	T	A	F	F	Z	W	E	H	X
A	W	N	F	J	N	D	O	T	H	K	B	Y	C	L	I
F	N	E	E	R	M	K	M	I	G	D	T	H	O	N	N
D	B	J	V	C	W	I	R	S	C	C	C	S	N	H	S
D	V	E	K	M	C	Q	L	Y	D	R	N	I	O	T	Q
Y	B	U	D	D	S	O	D	D	I	A	D	O	M	D	Y
W	X	Y	I	I	G	Z	B	O	K	V	Z	P	E	T	G
S	P	P	W	F	L	S	Z	Z	I	J	P	D	G	R	I
O	G	G	D	F	J	L	K	J	V	C	E	O	W	A	N
B	D	K	A	L	F	C	Y	F	L	O	G	A	I	F	C
G	W	E	R	T	H	U	B	C	M	M	V	J	C	O	W
D	I	S	G	O	W	N	T	E	B	D	B	Z	P	D	M

BOS
CWMNI
CYLLIDEB
TRETHI
GYRFA
ECONOMEG
FFATRI
CYLLID
ARIAN
INCWM

BUDDSODDIAD
SWYDDFA
DISGOWNT
COST
TRAFOD
GWERTHU
CYFLOGWR
CYFLOGAI
SIOP
ELW

98 - Voeding

T	R	E	U	L	I	A	D	I	T	U	J	H	B	M	Y
P	R	O	T	E	I	N	A	U	E	E	W	L	C	A	A
C	B	W	Y	T	A	D	W	Y	I	C	D	T	E	E	V
U	A	S	Y	W	P	T	S	W	E	N	H	N	V	T	M
A	W	R	E	W	H	C	Q	B	D	Y	N	Y	D	H	Z
F	G	J	B	H	B	L	C	J	C	X	H	W	D	E	H
I	C	Z	W	O	T	R	C	Y	F	G	T	N	W	P	Q
L	A	A	T	B	H	R	W	I	T	E	E	E	A	H	Y
Y	K	M	S	U	X	Y	S	H	X	B	A	W	S	E	P
H	G	S	W	K	S	V	D	Q	P	L	W	G	N	P	V
N	I	M	A	T	I	F	L	R	P	W	H	Y	A	L	A
P	A	O	S	K	O	Q	P	C	A	L	C	S	S	E	B
Y	C	G	A	L	O	R	Ï	A	U	D	R	U	A	S	P
D	H	Z	S	A	X	W	N	K	V	D	A	J	L	U	J
R	Y	W	K	E	O	S	T	T	I	X	P	U	B	I	U
C	S	R	O	U	C	B	A	L	B	W	B	N	N	Y	S

CHWERW
GALORÏAU
DEIET
BWYTADWY
ARCHWAETH
PROTEINAU
CYTBWYS
EPLESU
PWYSAU
IACH
IECHYD
CARBOHYDRADAU
ANSAWDD
SAWS
BLAS
TREULIAD
GWENWYN
FITAMIN
HYLIFAU
MAETH

99 - Chemie

T	O	L	E	B	C	A	Z	L	T	F	R	K	C	Q	W
Y	C	M	J	H	M	E	T	E	L	A	U	I	A	X	K
M	S	V	X	T	Y	J	V	V	L	S	N	E	T	Q	A
H	I	U	P	I	I	L	D	R	O	P	Y	E	A	C	V
E	G	H	D	A	F	G	I	N	A	G	R	O	L	T	V
R	E	Z	Y	W	I	I	S	F	L	U	X	Z	Y	A	X
E	N	W	E	D	V	D	A	N	E	G	O	R	D	Y	H
D	L	I	R	A	I	I	M	Y	S	N	E	S	D	W	I
D	T	F	X	I	F	E	S	O	E	Y	T	E	U	N	F
C	L	O	R	I	N	O	I	L	L	C	A	R	B	O	N
A	L	C	A	L	Ï	A	I	D	D	E	N	W	J	R	P
G	F	D	H	N	H	Y	N	K	W	T	C	G	O	T	W
S	V	D	O	E	T	Y	G	Y	I	R	F	I	G	C	Y
W	C	Y	Q	A	M	O	S	Y	Y	U	V	J	W	E	S
C	Z	Q	Z	Z	W	Y	L	G	I	E	M	M	S	L	A
G	N	C	J	R	Q	H	U	P	V	K	N	F	M	E	U

ALCALÏAIDD
CLORIN
ELECTRON
ENSYM
NWY
PWYSAU
ION
CATALYDD
CARBON
METELAU
MOLECIWL
ORGANIG
ADWAITH
TYMHEREDD
HYLIF
GWRES
HYDROGEN
HALEN
ASID
OCSIGEN

1 - Metingen

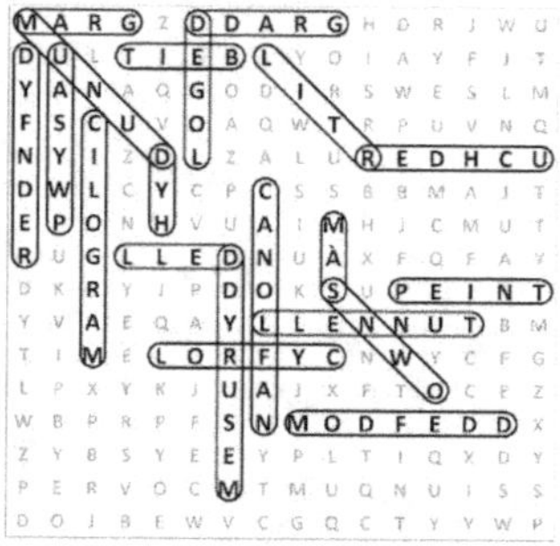

2 - Opwarming van de Aarde

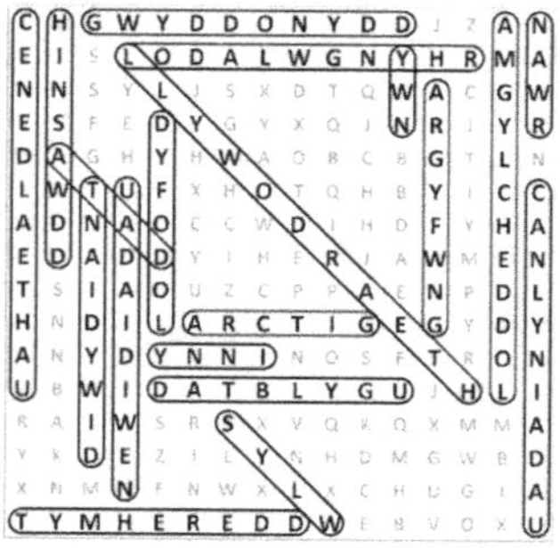

3 - Keuken

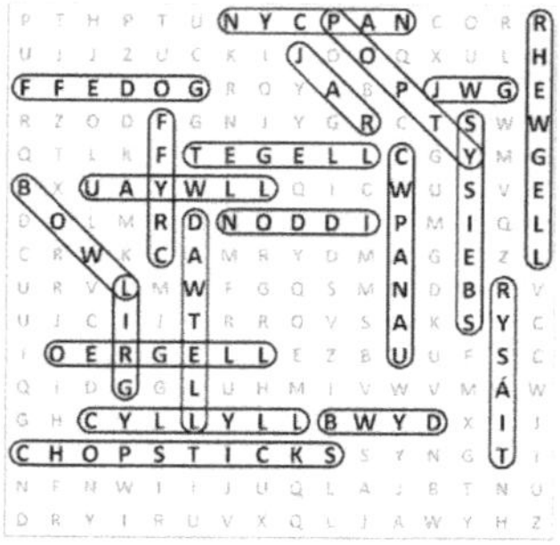

4 - Boten

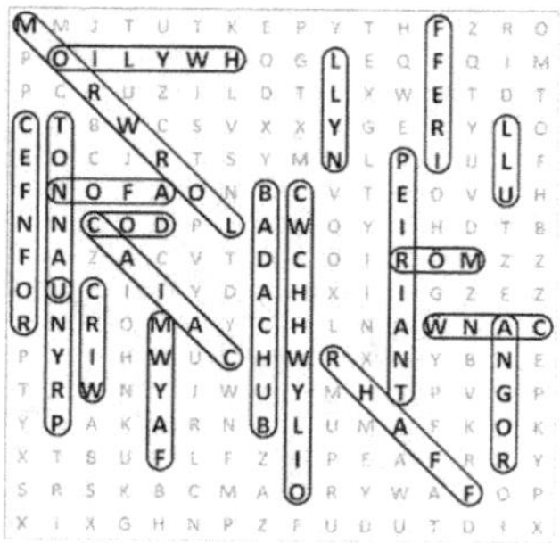

5 - Chocolade

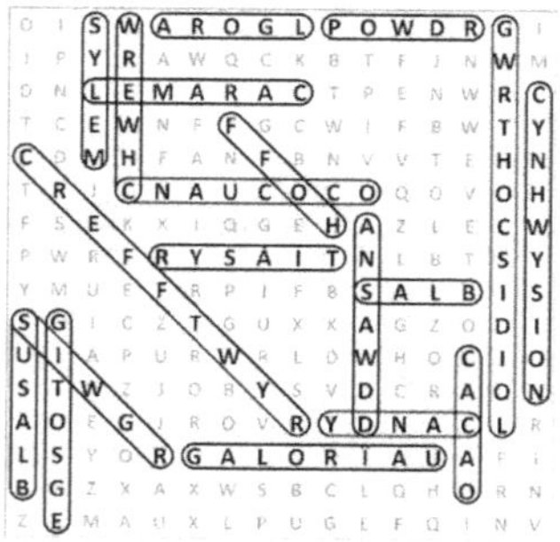

6 - Gezondheid en Welzijn #2

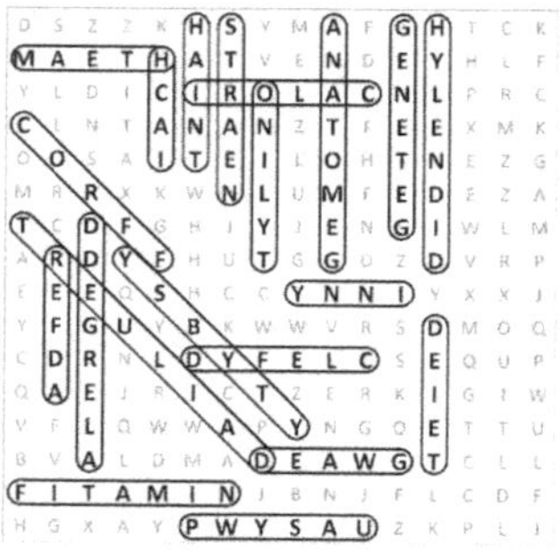

7 - Tijd

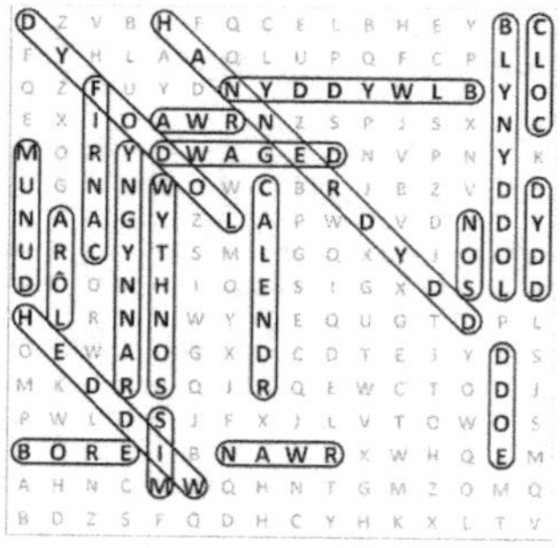

8 - Meditatie

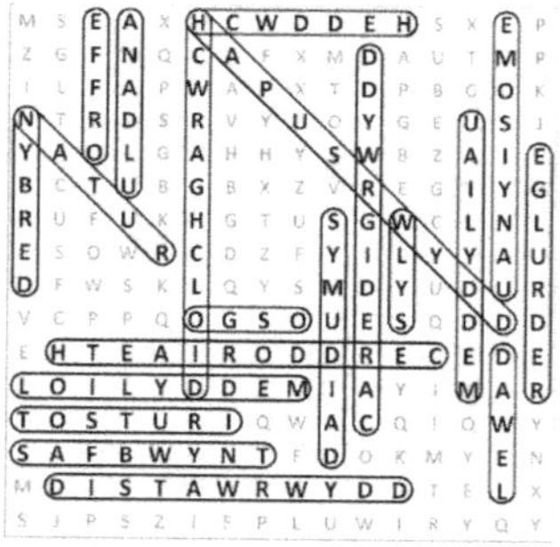

9 - Muziek

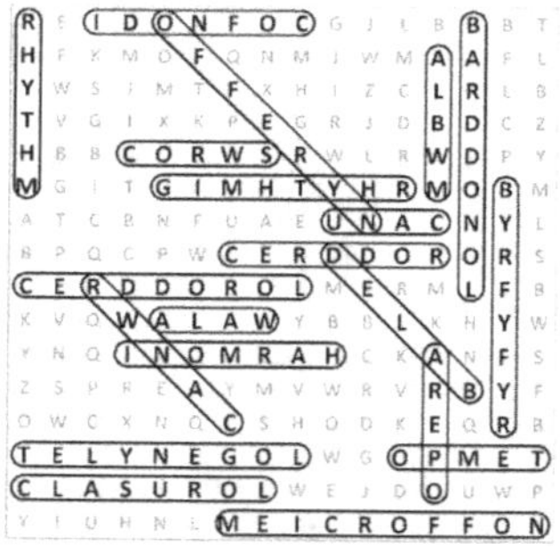

10 - Vogels

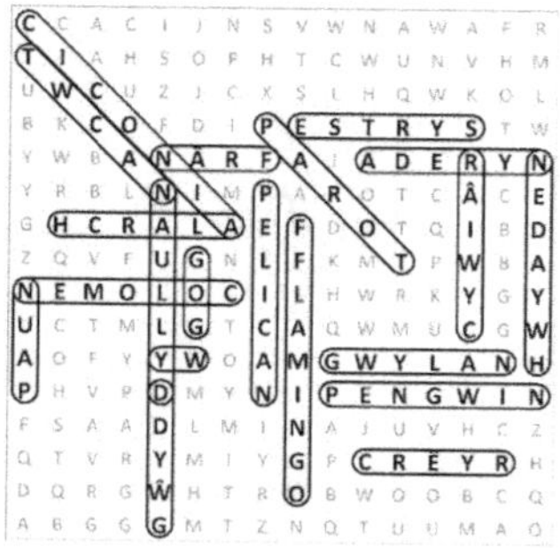

11 - Behoud

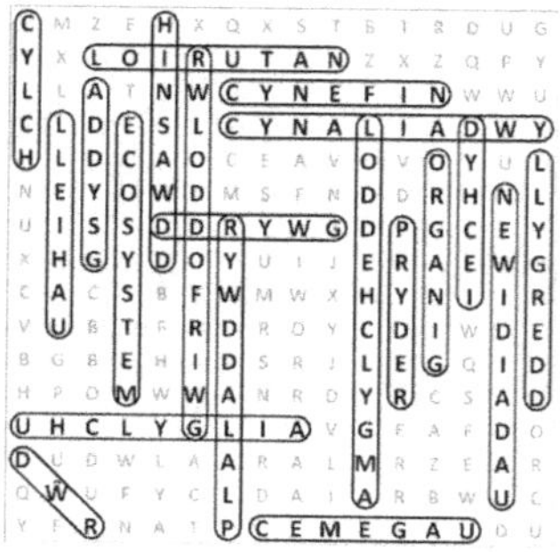

12 - Universum

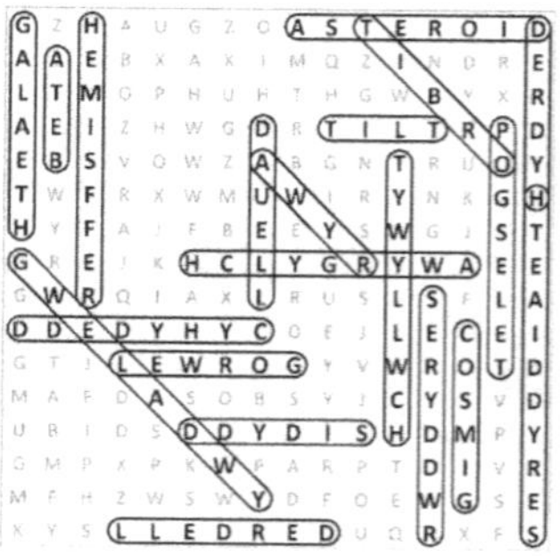

13 - Wiskunde

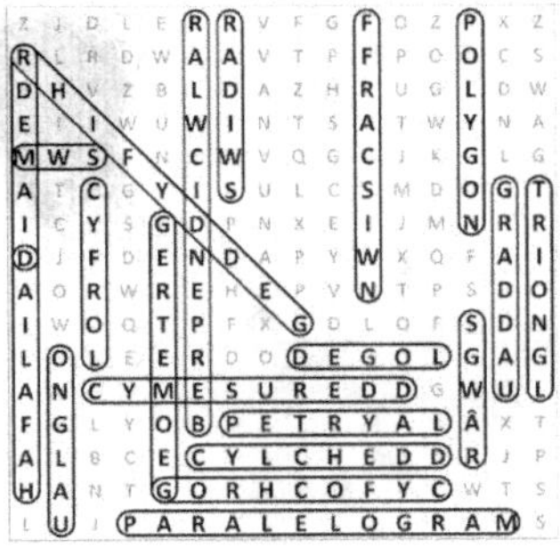

14 - Gezondheid en Welzijn #1

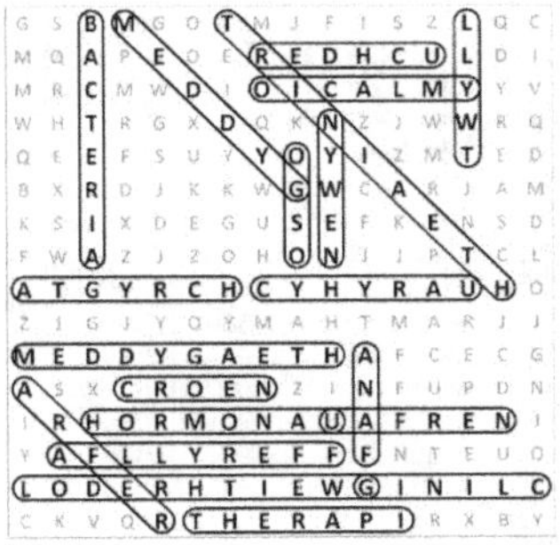

15 - Camping

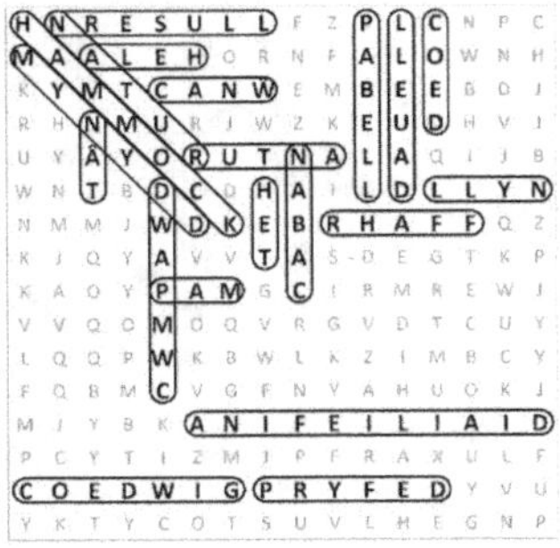

16 - Algebra

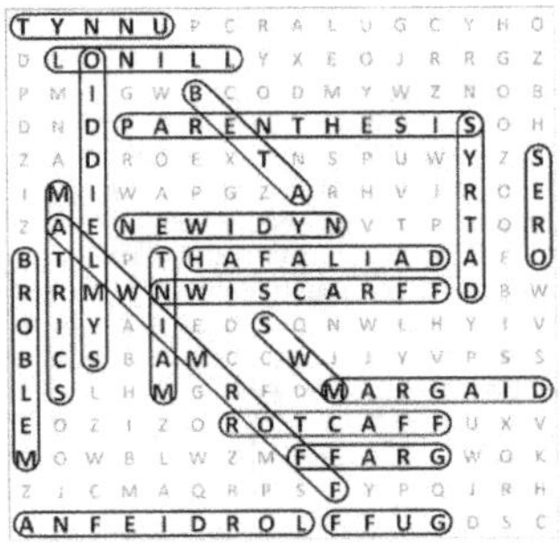

17 - Activiteiten

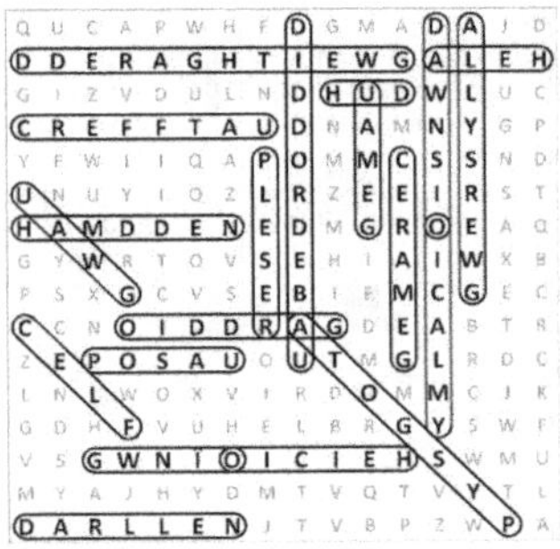

18 - Astronomie

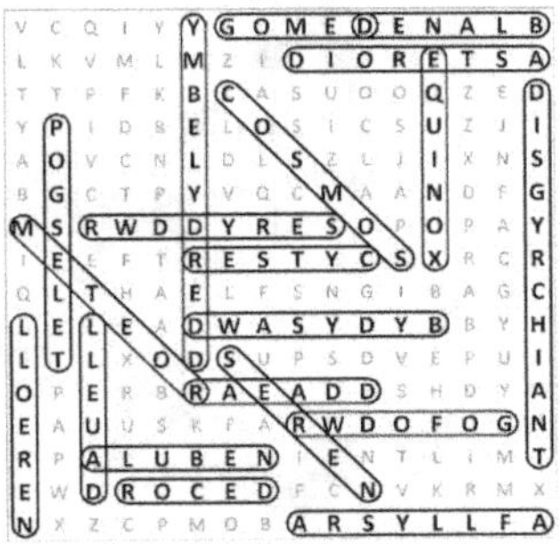

19 - Emoties

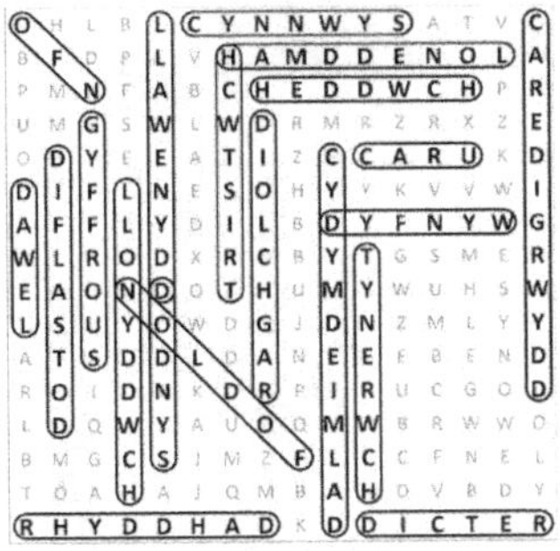

20 - Vakantie #2

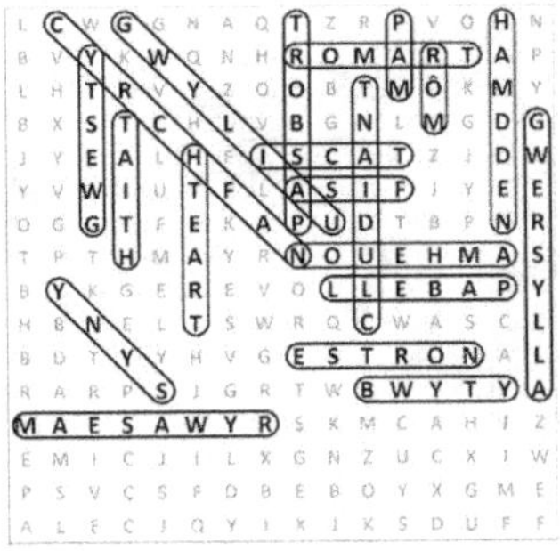

21 - Weersomstandigh

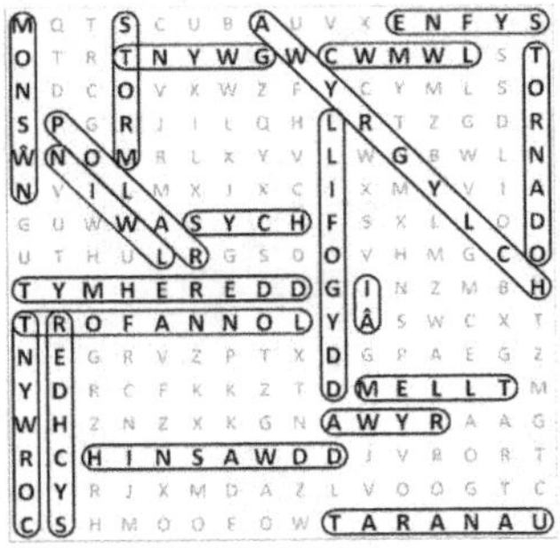

22 - Eten #2

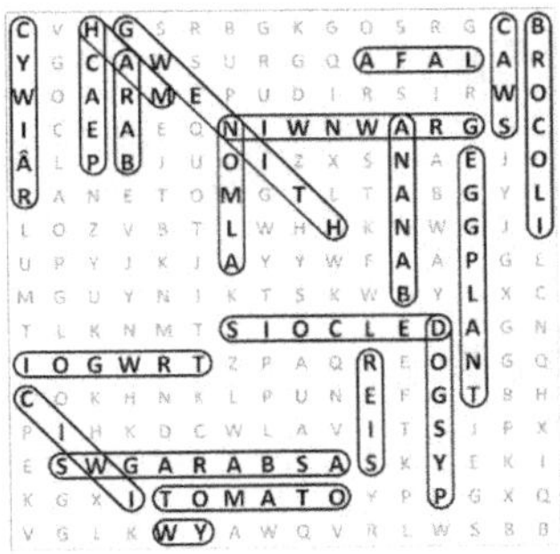

23 - Klimmen

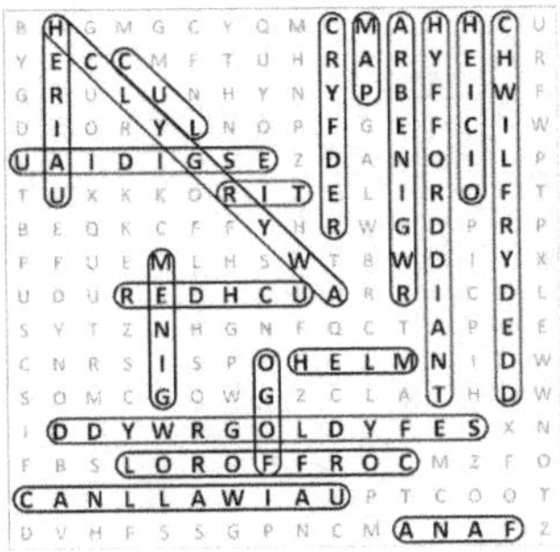

24 - Geologie

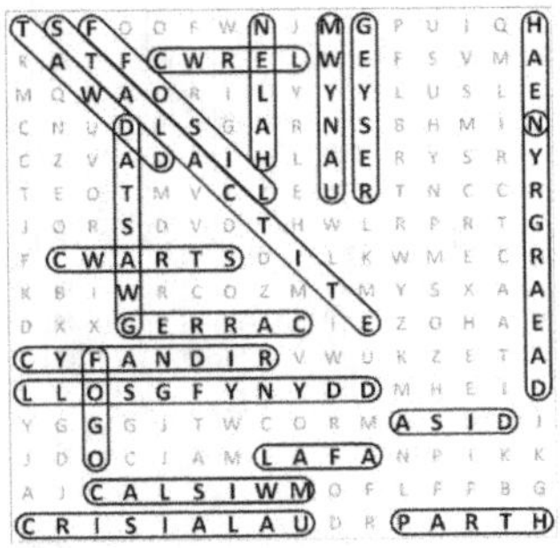

25 - Specerijen

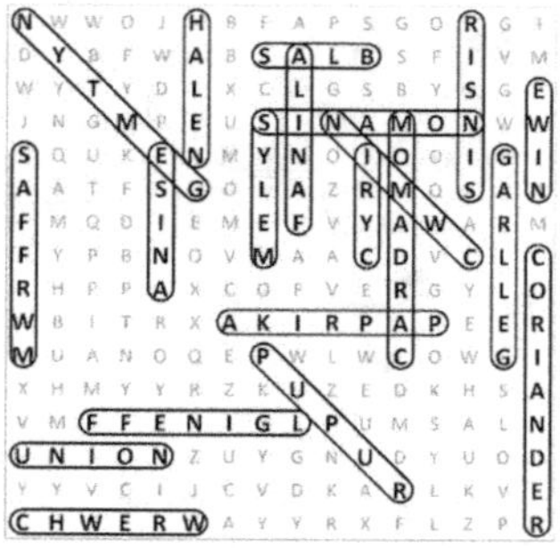

26 - Groenten

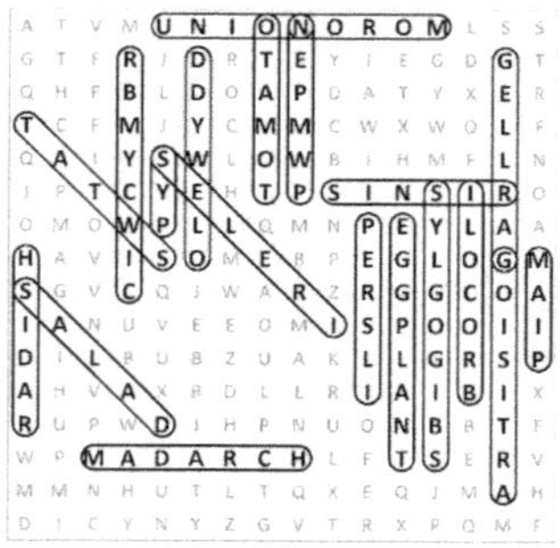

27 - Archeologie

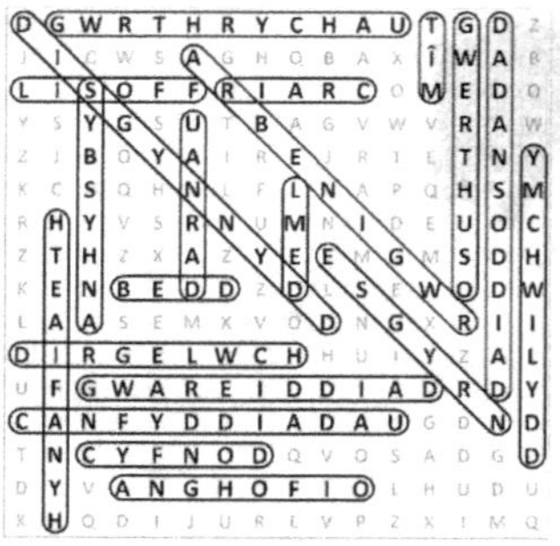

28 - Dans

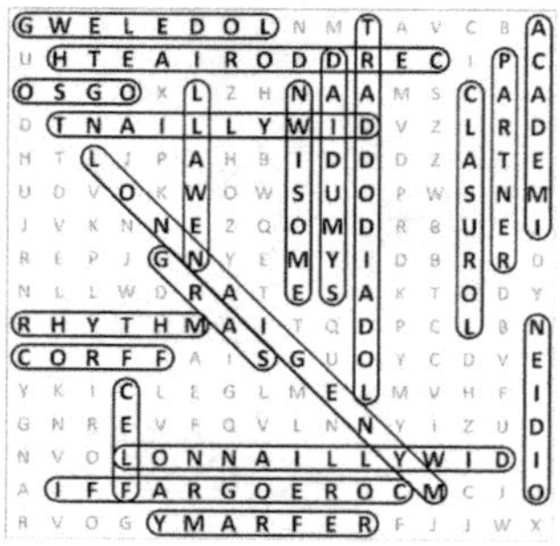

29 - Ziekte

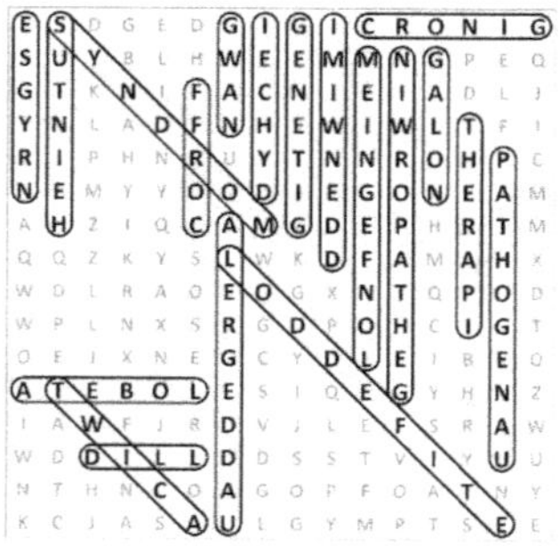

30 - Immigratie

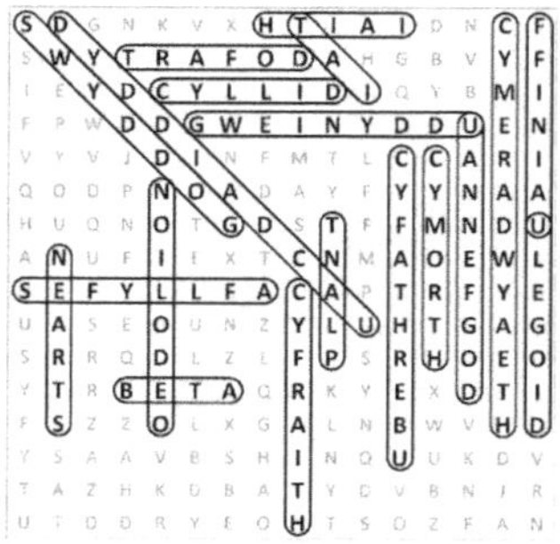

31 - Mythologie

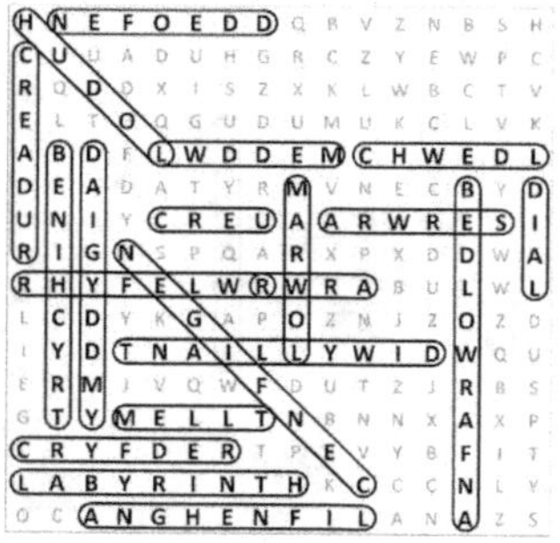

32 - Eten #1

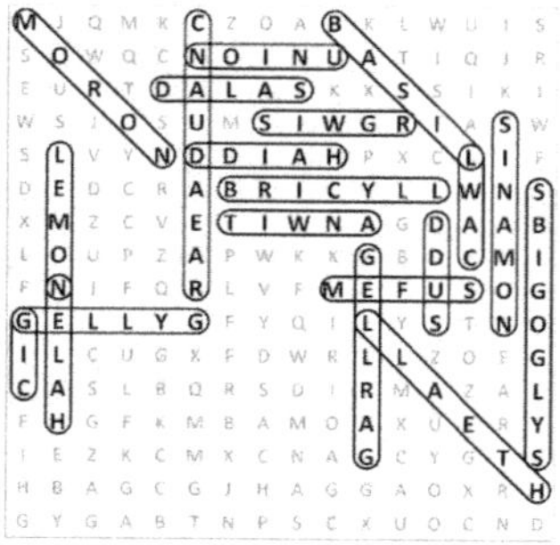

33 - Avontuur

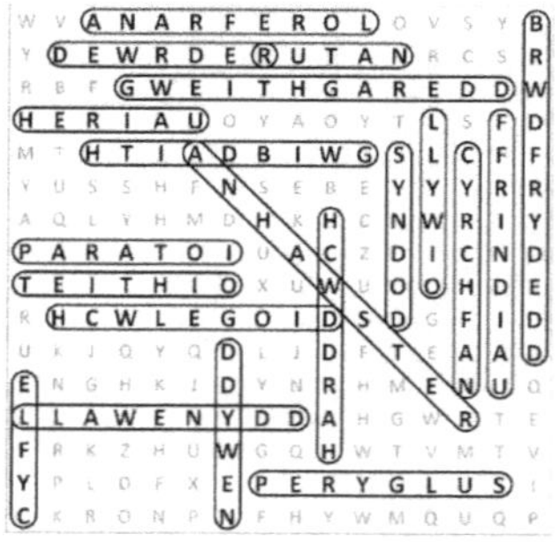

34 - De Media

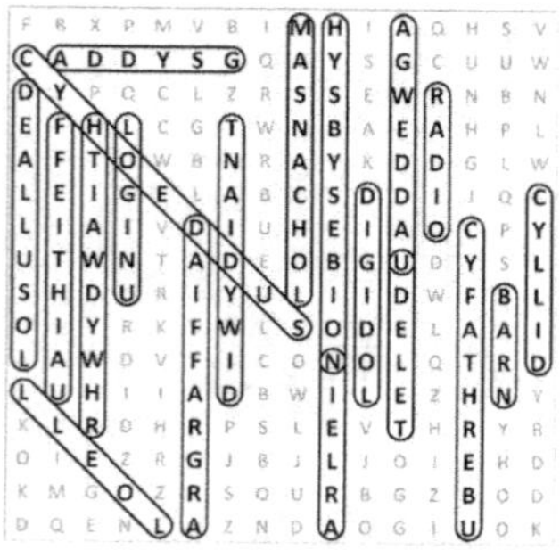

35 - Bijen

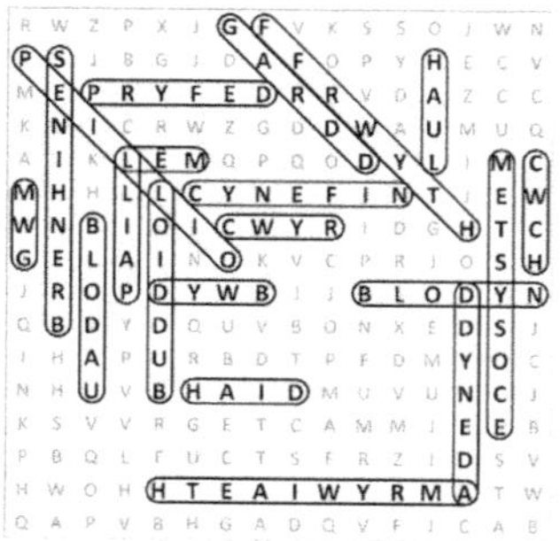

36 - Wandelen

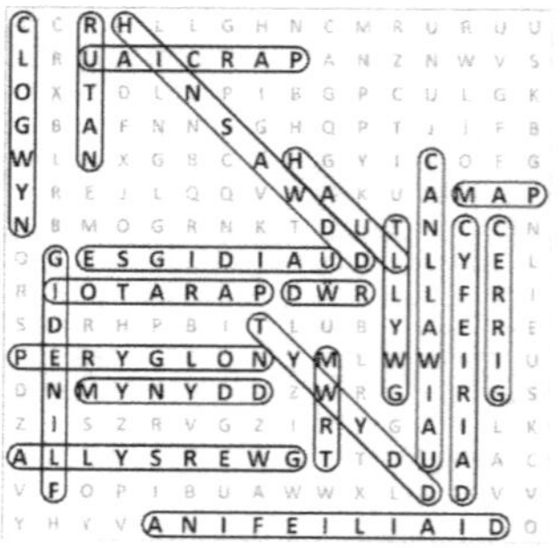

37 - Ecologie

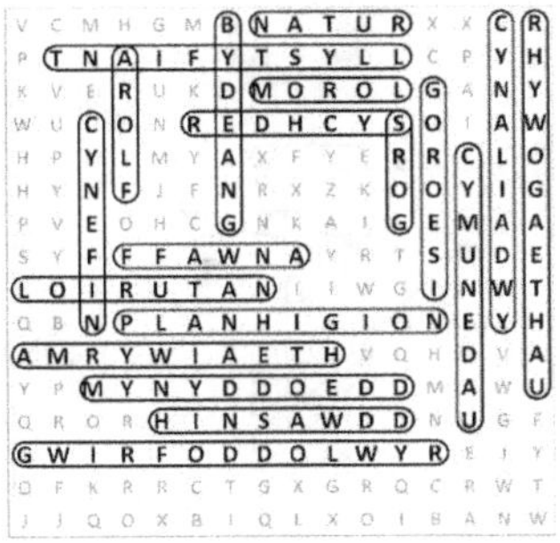

38 - Biologie

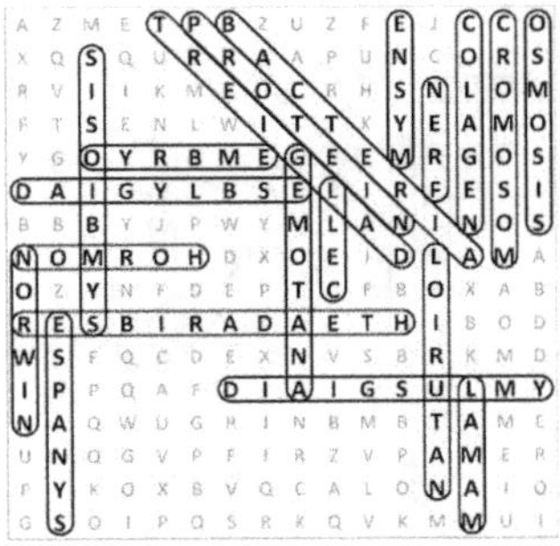

39 - Landen #1

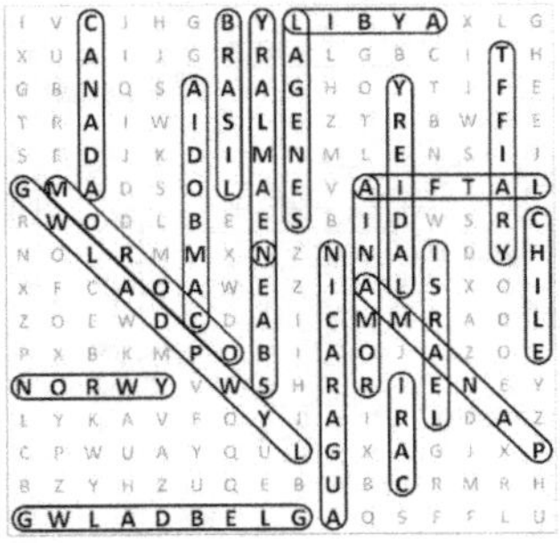

40 - Installaties

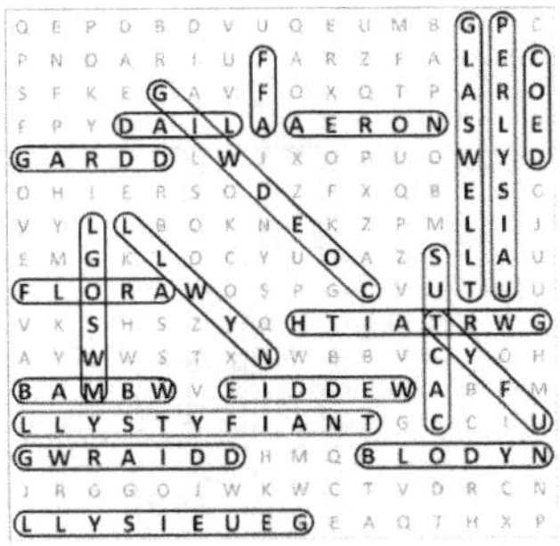

41 - Agronomie

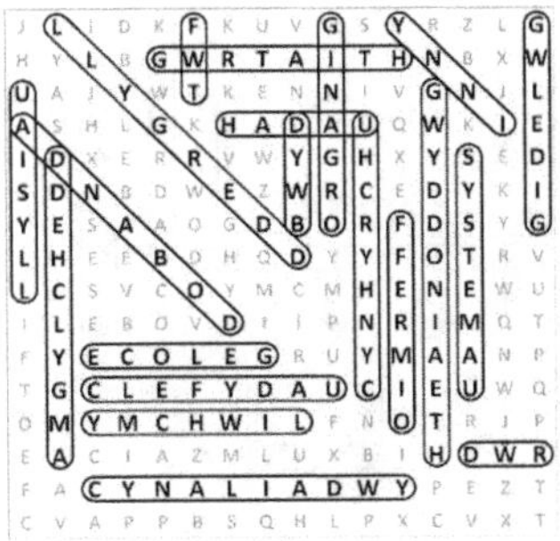

42 - Oceaan

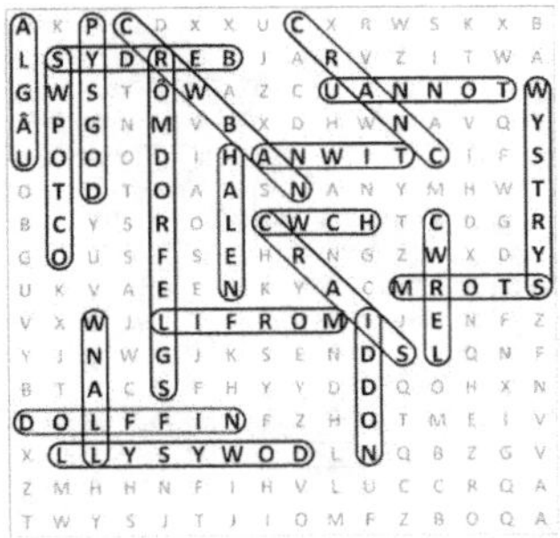

43 - Landen #2

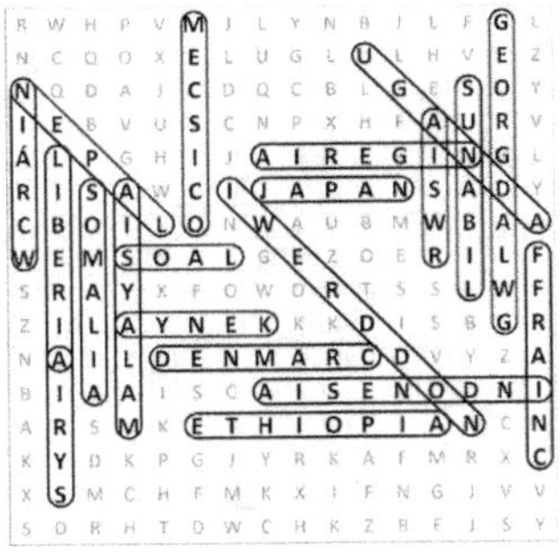

44 - Landschappen

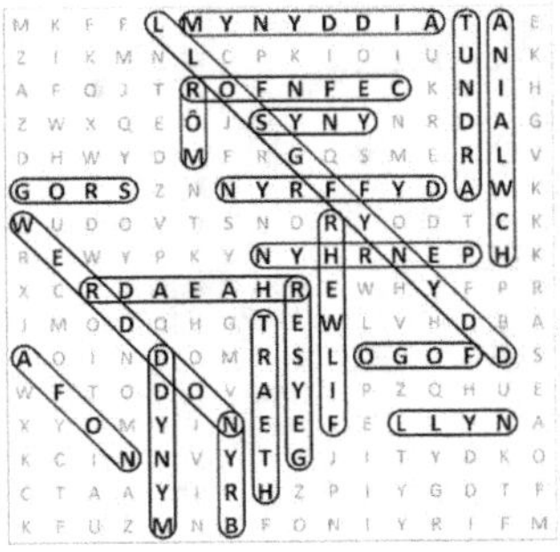

45 - Tuin

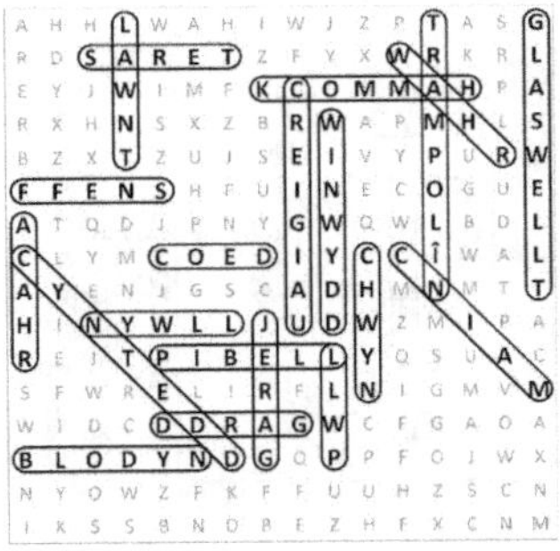

46 - Beroepen #2

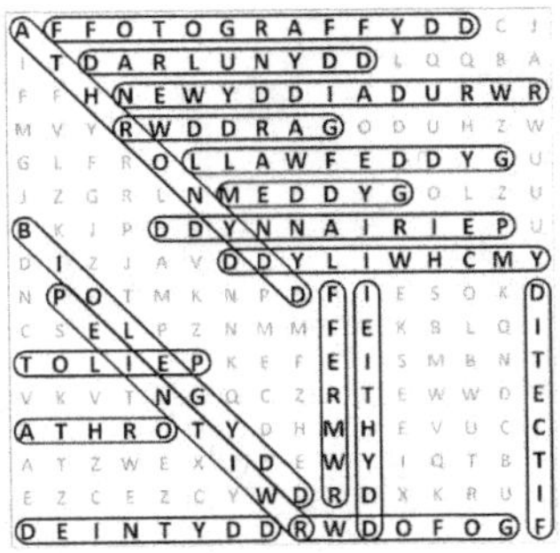

47 - Dagen en Maanden

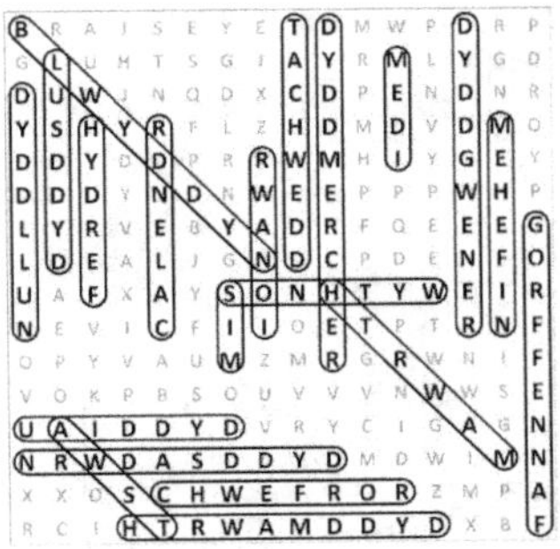

48 - Mode

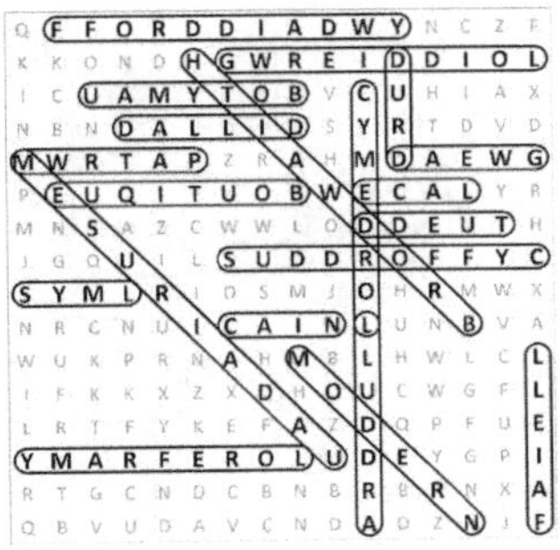

49 - Tuinieren

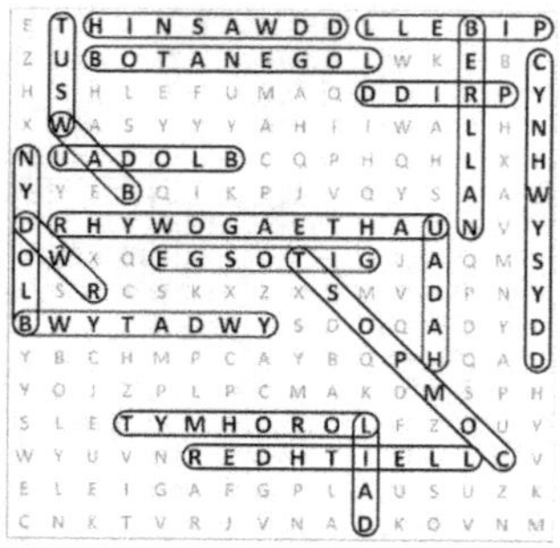

50 - Menselijk Lichaam

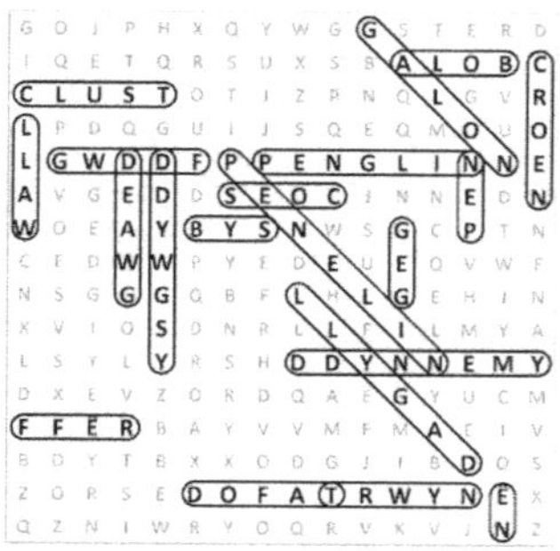

51 - Energie

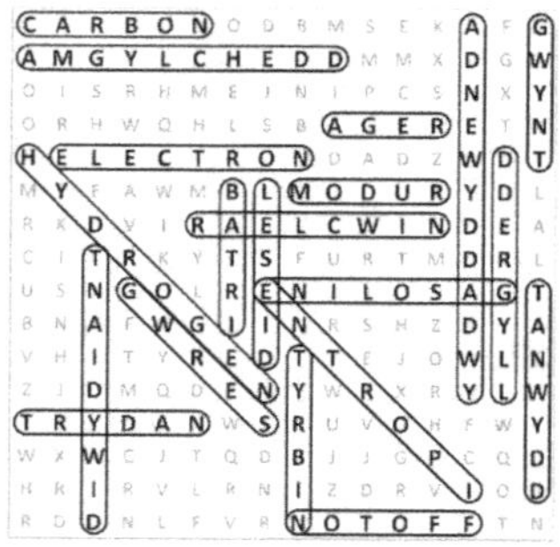

52 - Familie

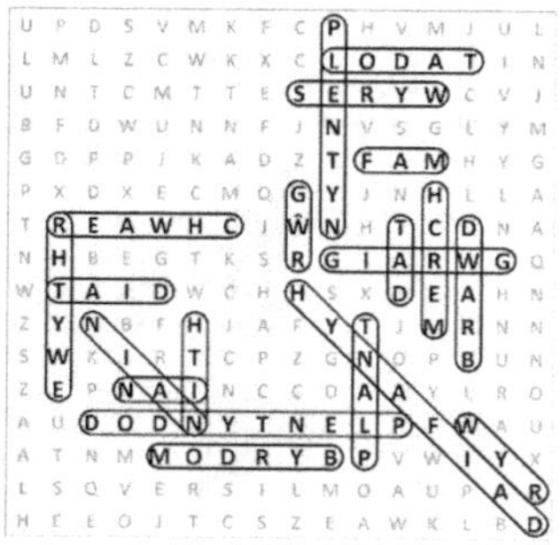

53 - Gebouwen

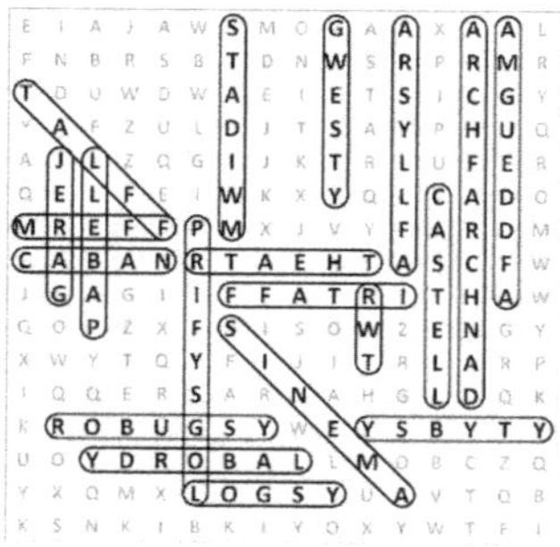

54 - Kunst

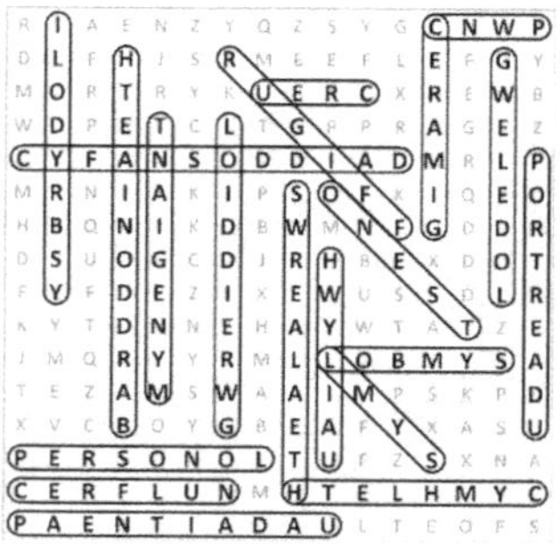

55 - Beroepen #1

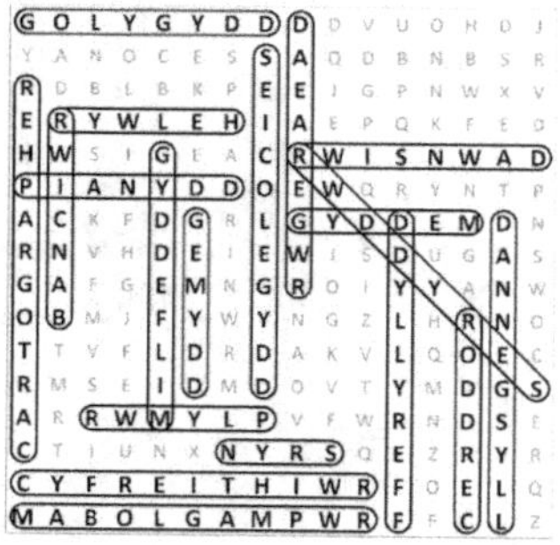

56 - Antarctica

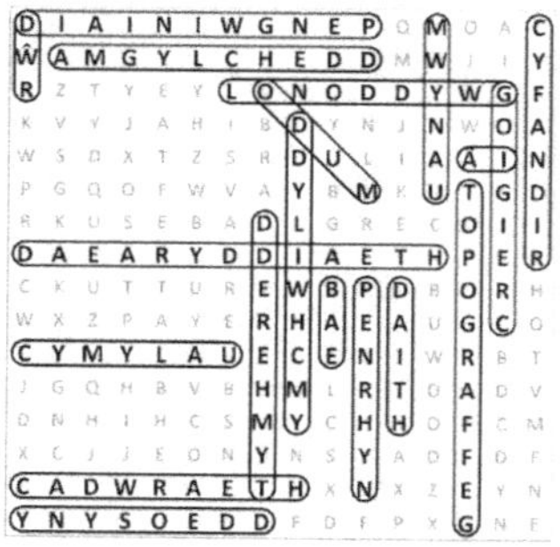

57 - Ballet

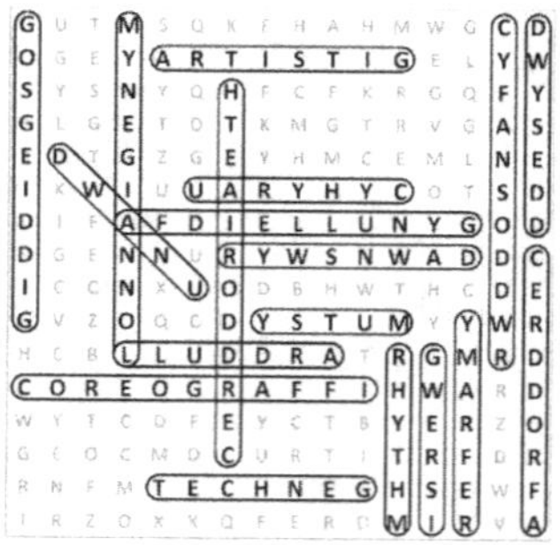

58 - Vissen

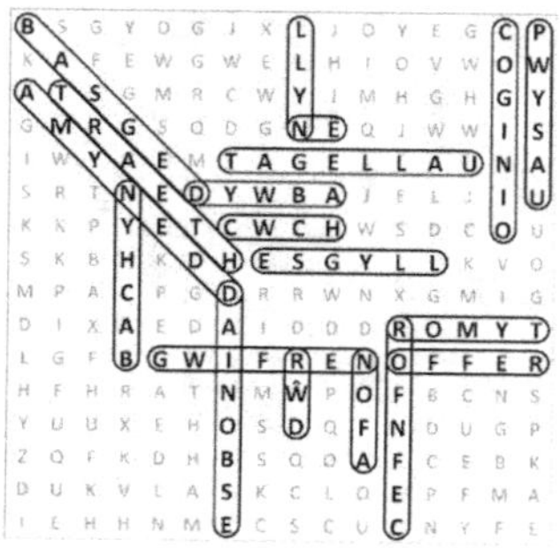

59 - Fruit

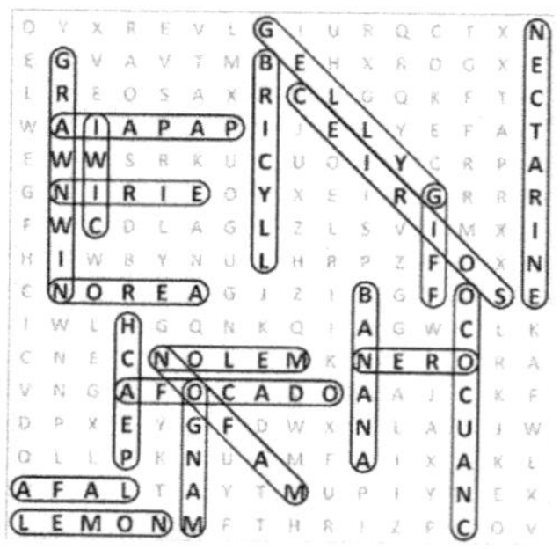

60 - Engineering

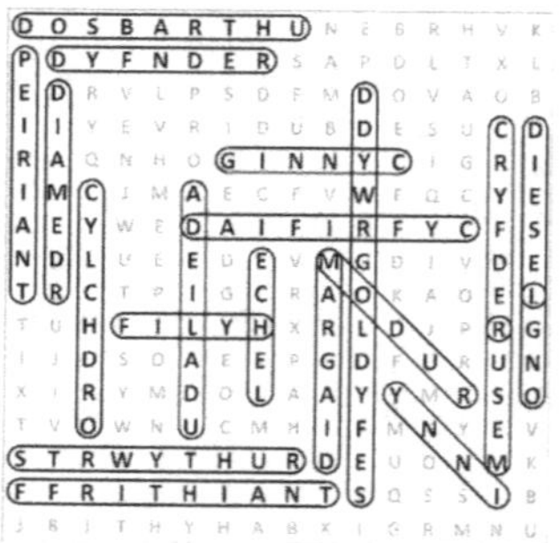

61 - Literatuur

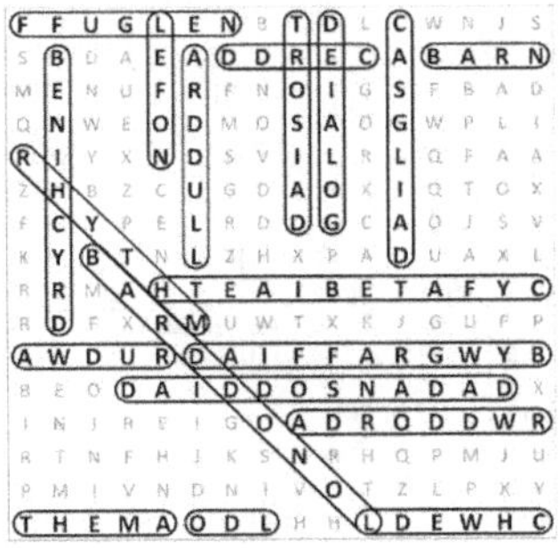

62 - Boeken

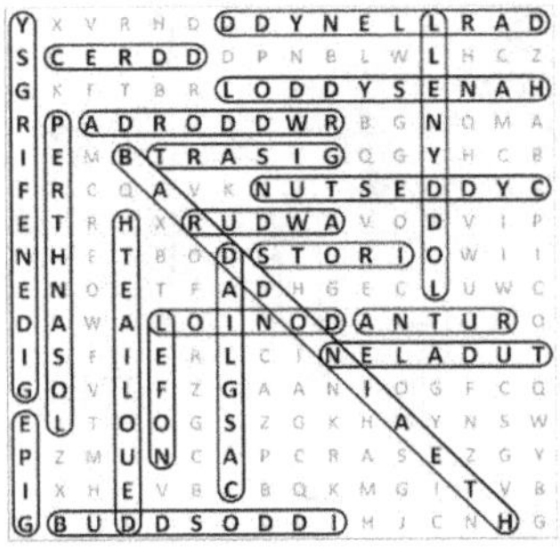

63 - Meer Informatie

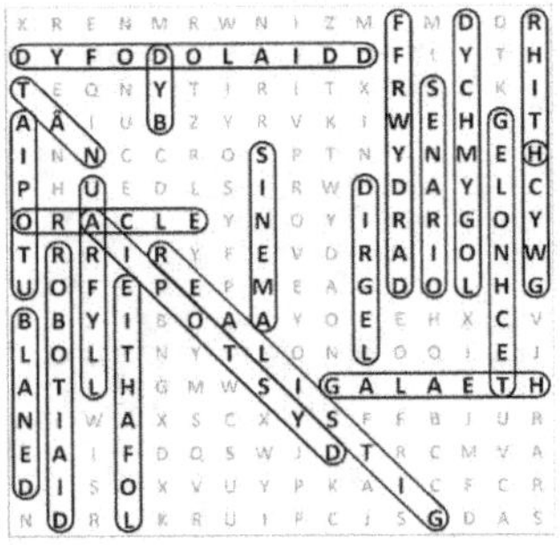

64 - Regenwoud

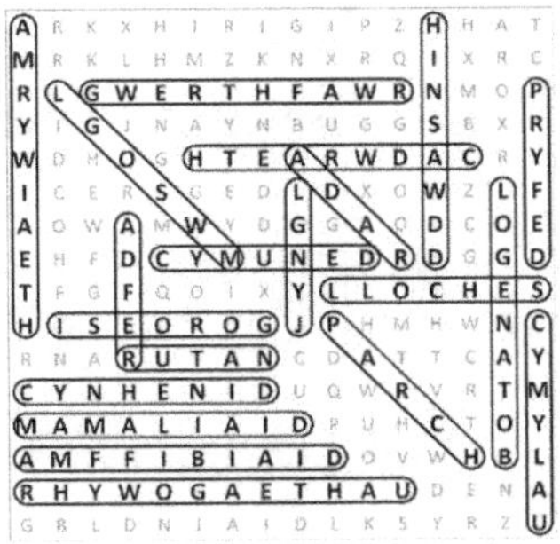

65 - Haartypes

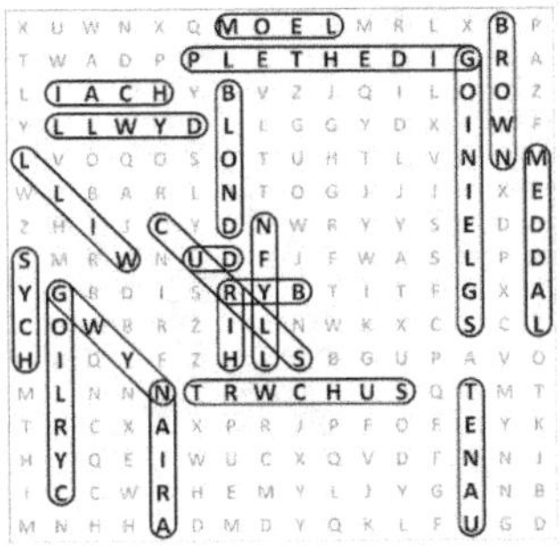

66 - Stad

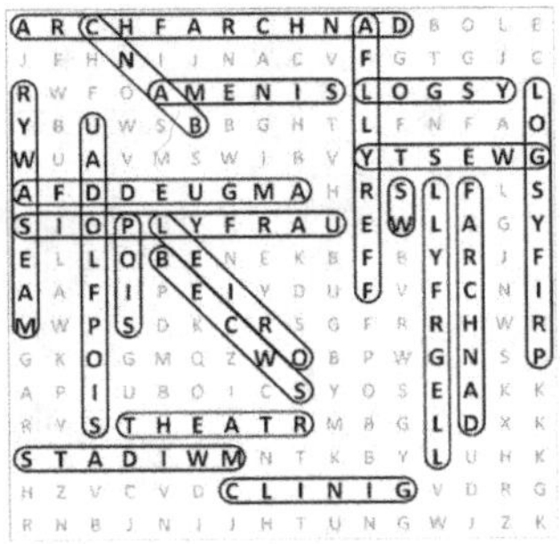

67 - Creativiteit

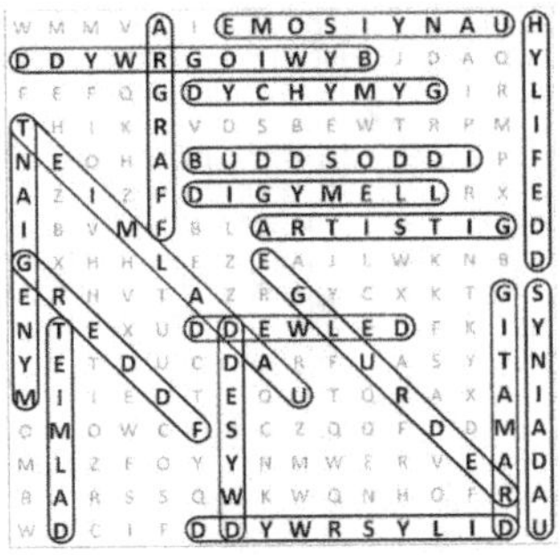

68 - Natuur

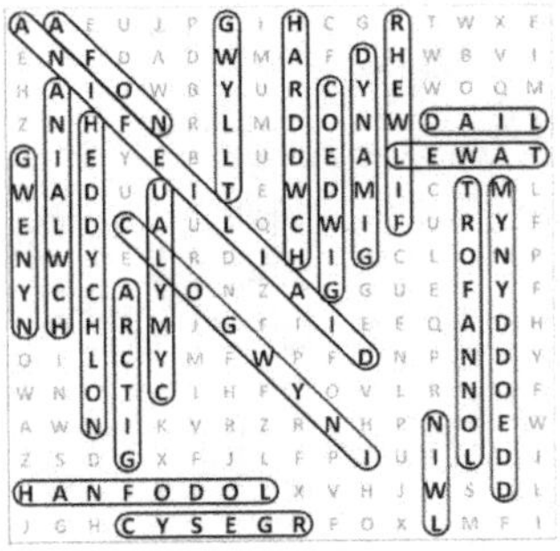

69 - Zoogdieren

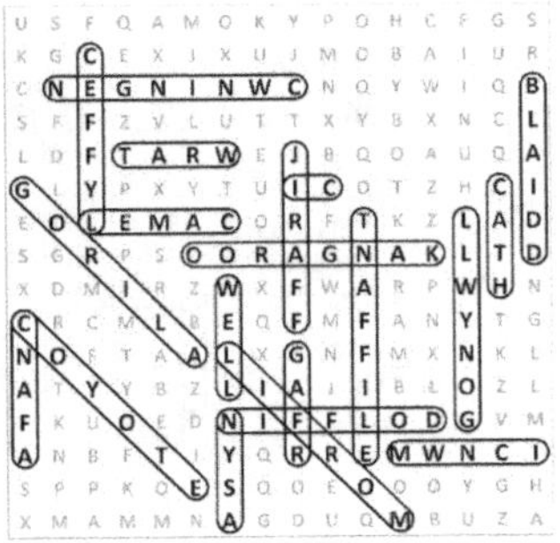

70 - Overheid

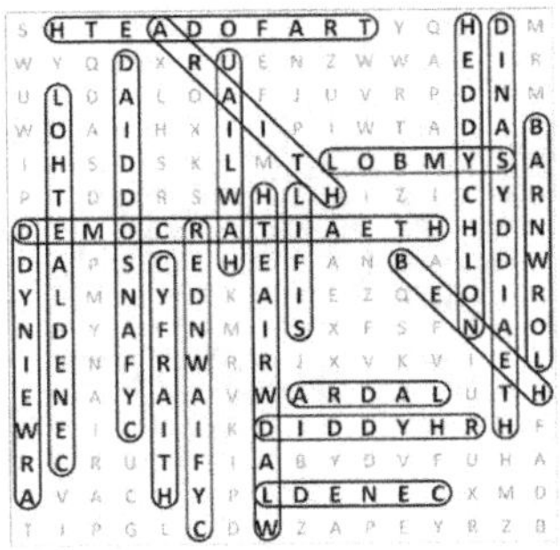

71 - Voertuigen

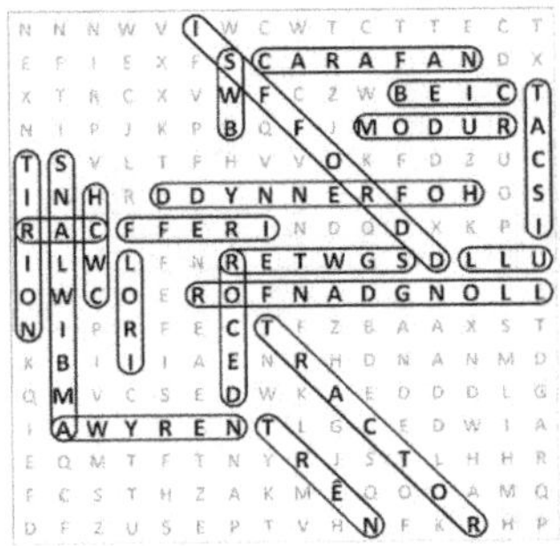

72 - Geografie

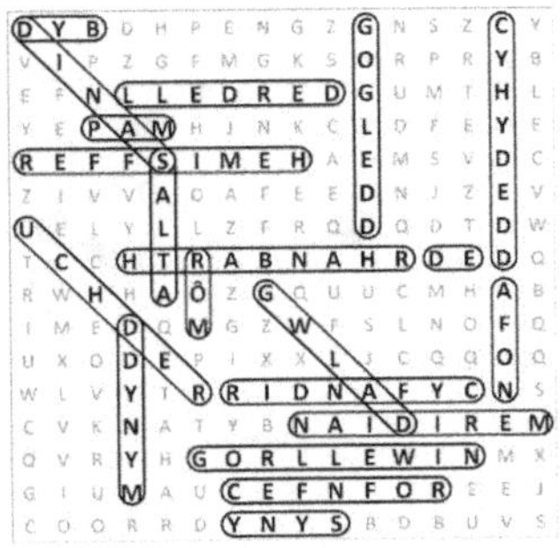

73 - Barbecues

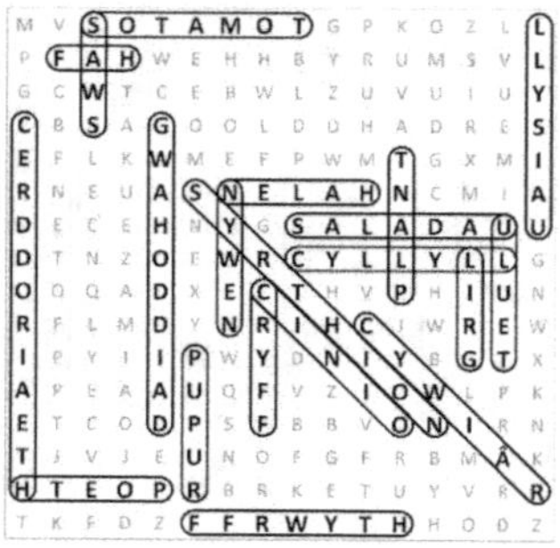

74 - Schoonheid

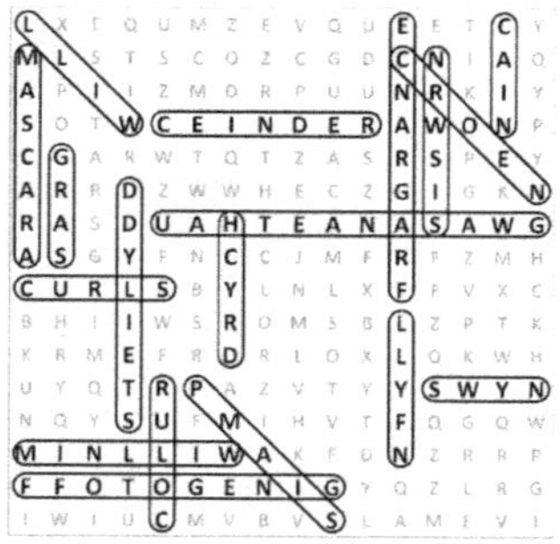

75 - Wetenschappelijk

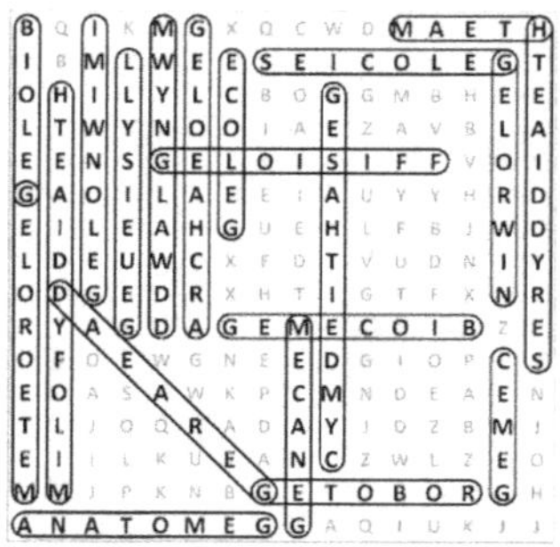

76 - Bijvoeglijke Naamwoorden

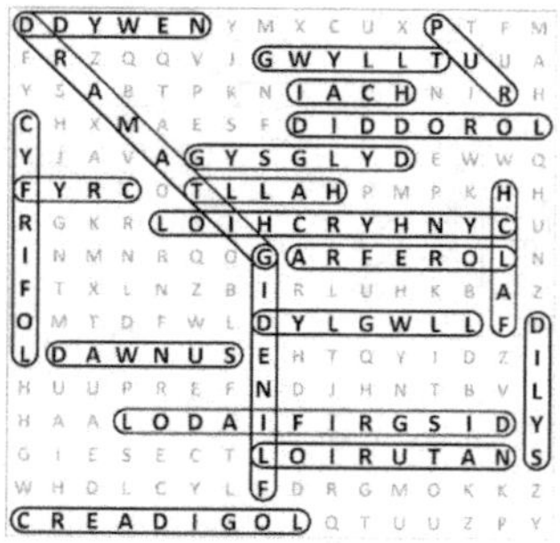

77 - Kleding

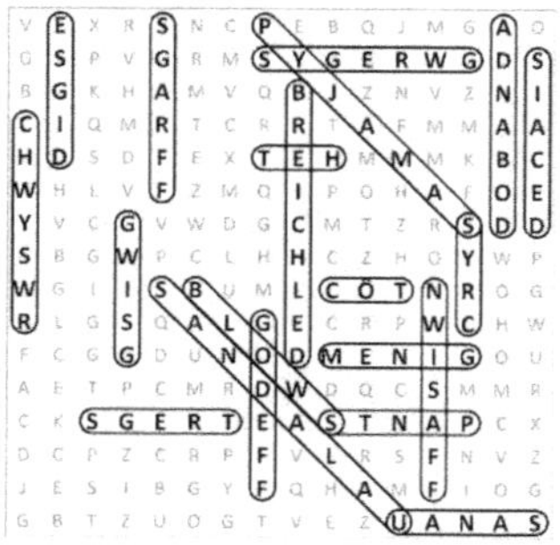

78 - Vliegtuigen

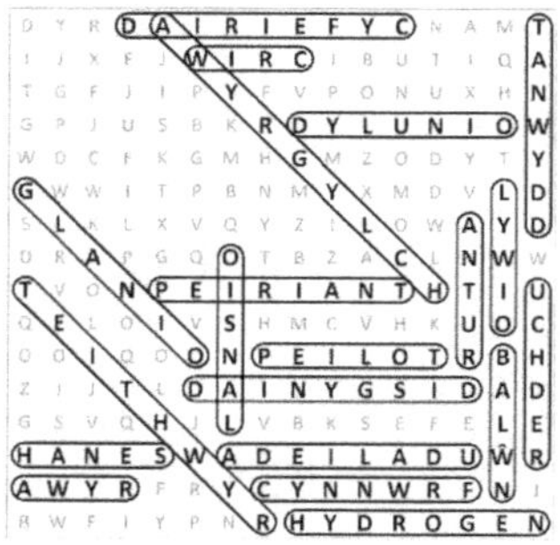

79 - Herbalisme

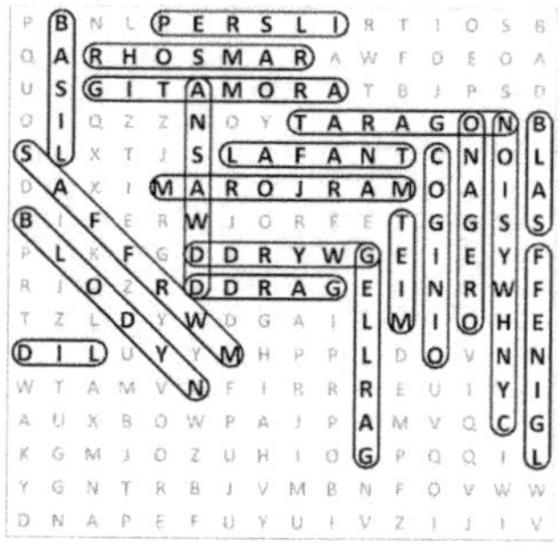

80 - Kracht en Zwaartekracht

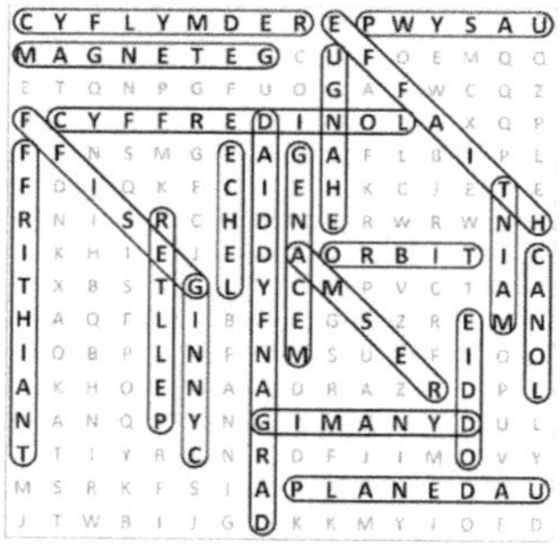

81 - Het Bedrijf

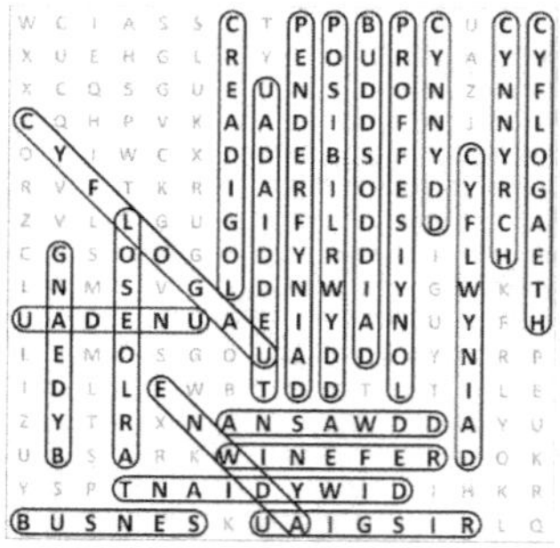

82 - Rijden

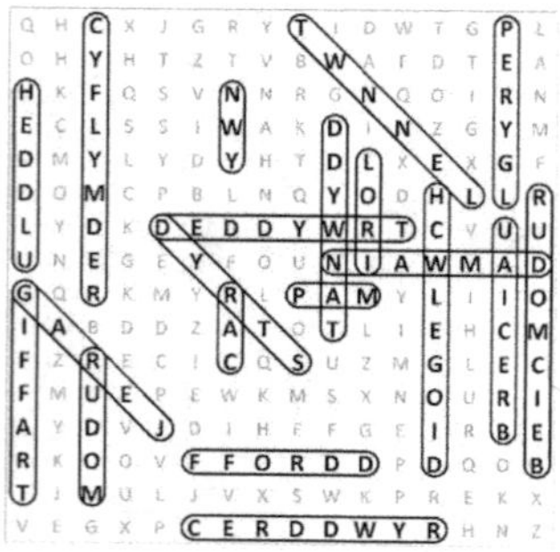

83 - Wetenschap

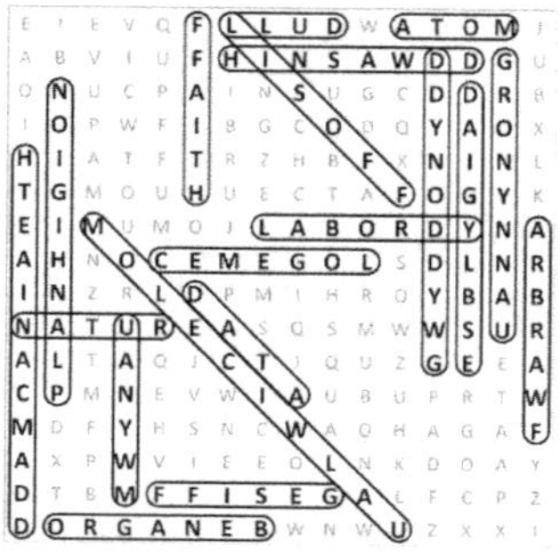

84 - Natuurkunde

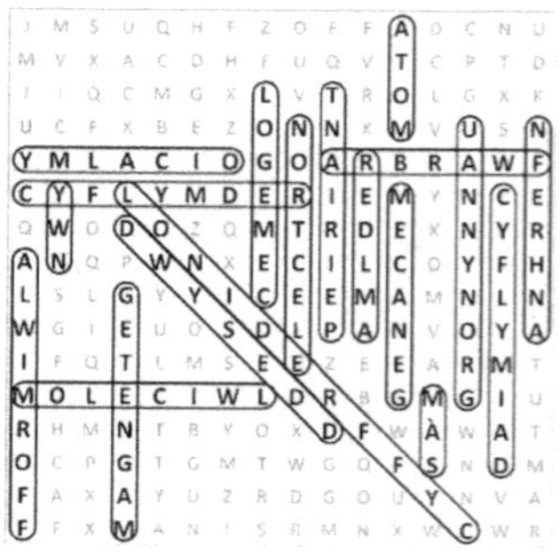

85 - Antiek

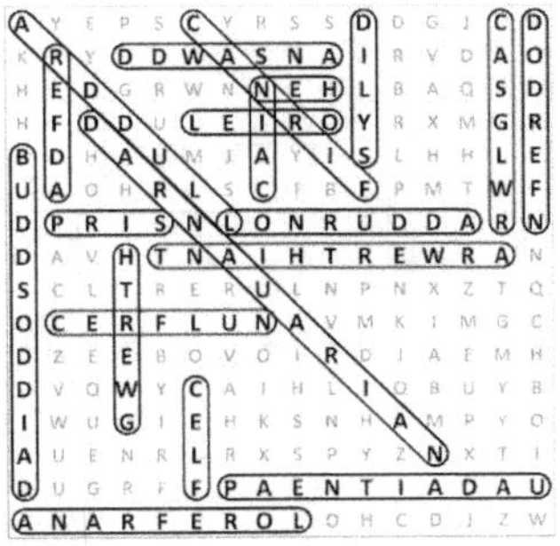

86 - Koffie

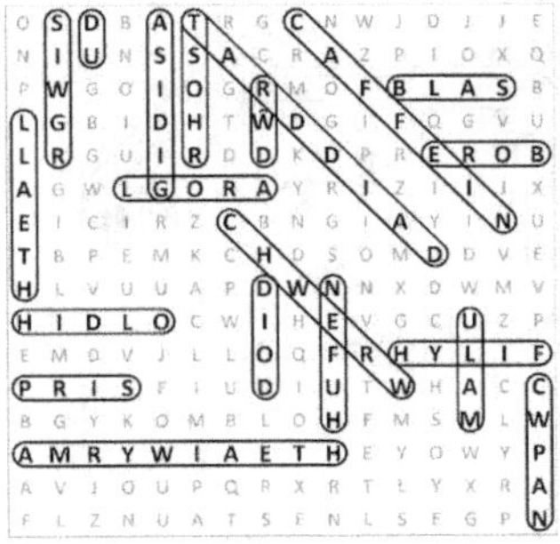

87 - Schaken

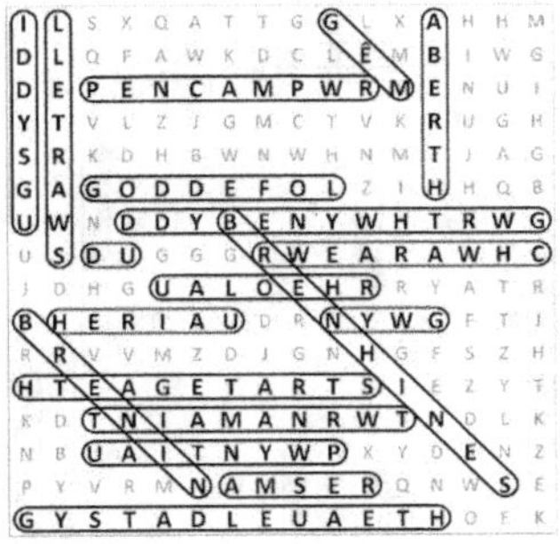

88 - Boerderij #1

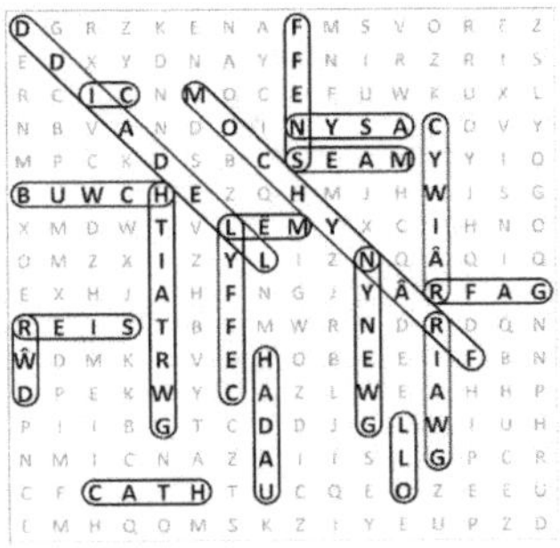

89 - Huis

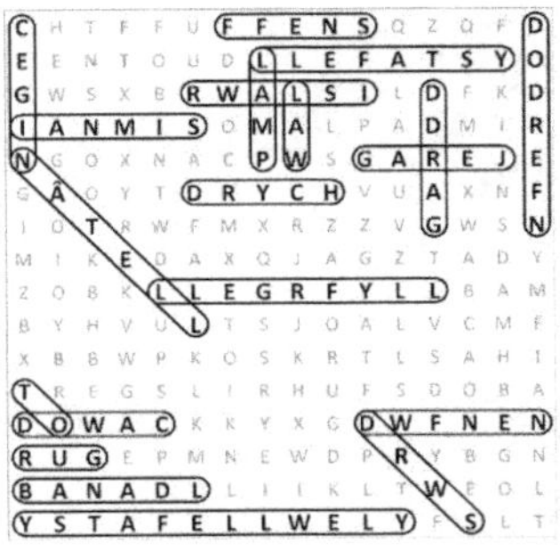

90 - Geometrie

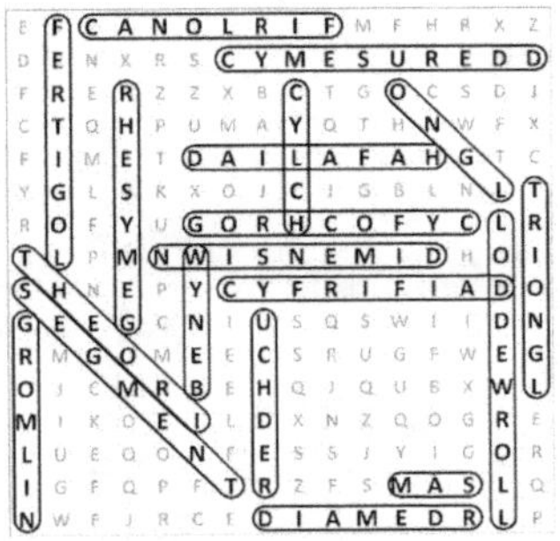

91 - Jazz

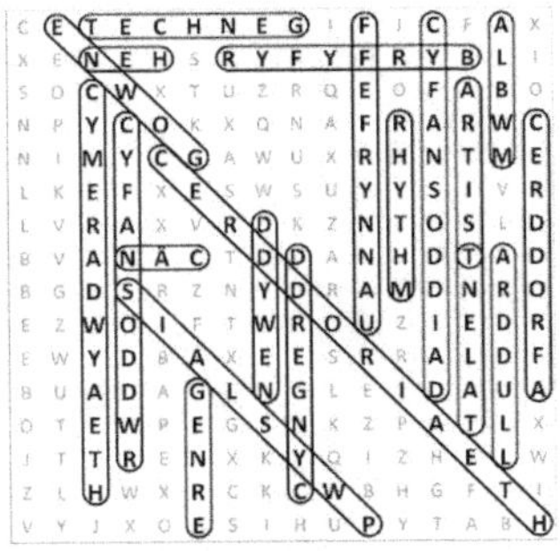

92 - Getallen

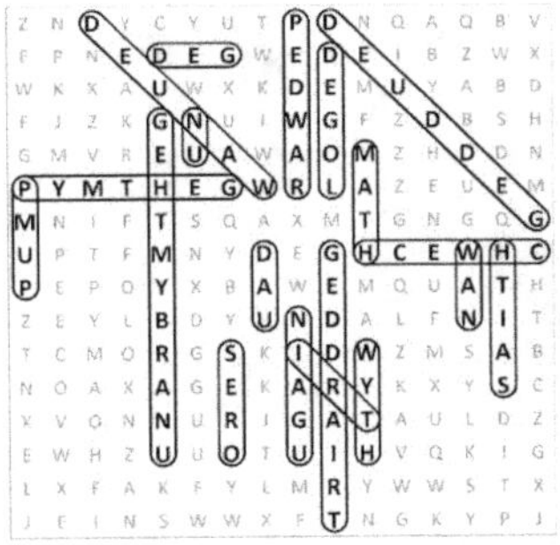

93 - Boksen

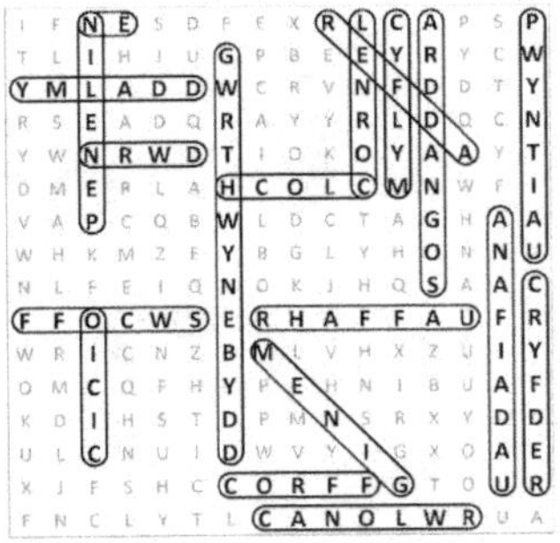

94 - Boerderij #2

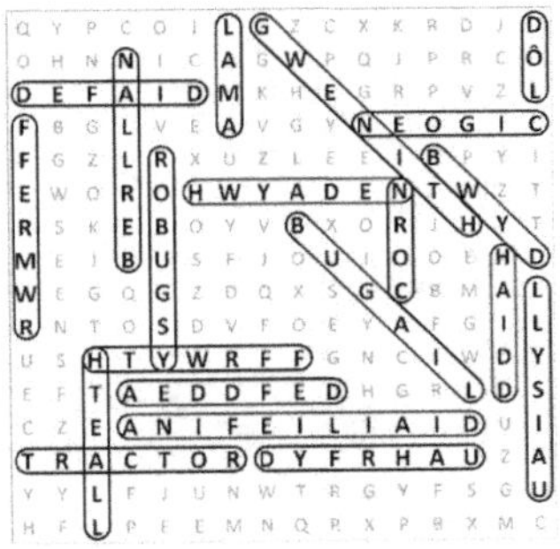

95 - Psychologie

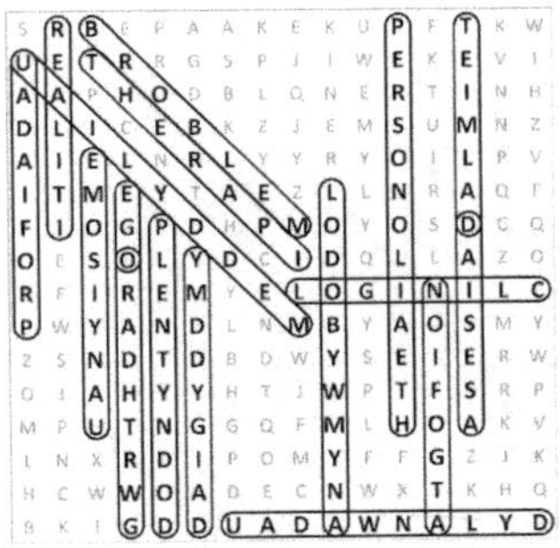

96 - Elektriciteit

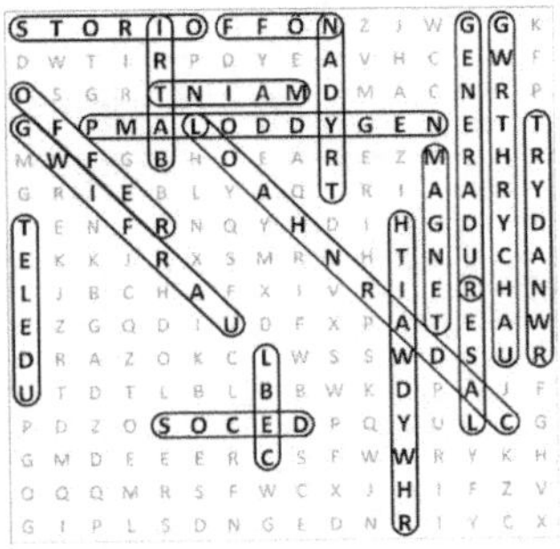

97 - Zakelijk

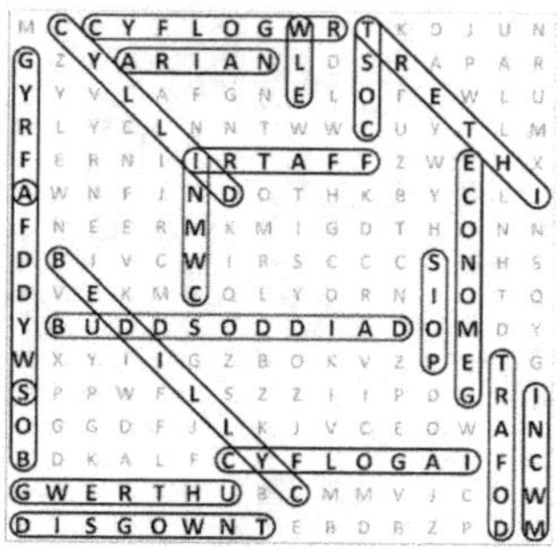

98 - Voeding

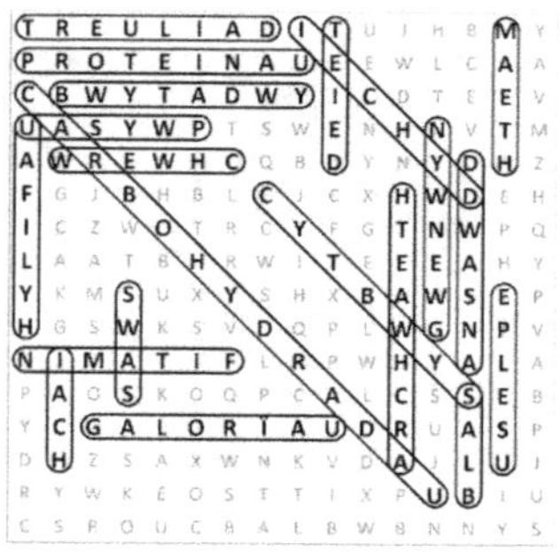

99 - Chemie

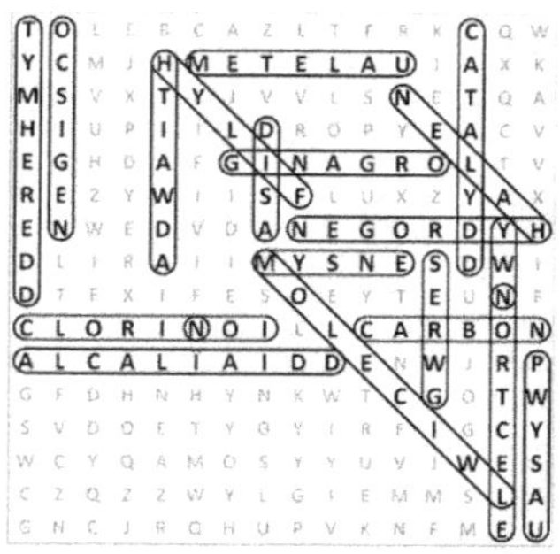

Woordenboek

Activiteiten
Gweithgareddau

Activiteit	Gweithgaredd
Ambachten	Crefftau
Belangen	Diddordebau
Breien	Gwau
Dansen	Dawnsio
Games	Gemau
Hengelsport	Pysgota
Jacht	Hela
Kamperen	Gwersylla
Keramiek	Cerameg
Kunst	Celf
Lezen	Darllen
Magie	Hud
Naaien	Gwnïo
Ontspanning	Ymlacio
Plezier	Pleser
Puzzels	Posau
Tuinieren	Garddio
Vrije Tijd	Hamdden
Wandelen	Heicio

Agronomie
Agronomeg

Duurzaam	Cynaliadwy
Ecologie	Ecoleg
Energie	Ynni
Groei	Twf
Groente	Llysiau
Identificatie	Adnabod
Landbouw	Ffermio
Landelijk	Gwledig
Mest	Gwrtaith
Omgeving	Amgylchedd
Onderzoek	Ymchwil
Organisch	Organig
Productie	Cynhyrchu
Systemen	Systemau
Vervuiling	Llygredd
Voedsel	Bwyd
Water	Dŵr
Wetenschap	Gwyddoniaeth
Zaden	Hadau
Ziekten	Clefydau

Algebra
Algebra

Aftrekken	Tynnu
Diagram	Diagram
Factor	Ffactor
Formule	Fformiwla
Fractie	Ffracsiwn
Grafiek	Graff
Haakje	Parenthesis
Hoeveelheid	Maint
Lineair	Llinol
Matrix	Matrics
Nul	Sero
Oneindig	Anfeidrol
Oplossen	Datrys
Oplossing	Ateb
Probleem	Broblem
Som	Swm
Vals	Ffug
Variabele	Newidyn
Vereenvoudigen	Symleiddio
Vergelijking	Hafaliad

Antarctica
Antarctica

Baai	Bae
Behoud	Cadwraeth
Continent	Cyfandir
Eilanden	Ynysoedd
Expeditie	Daith
Geografie	Daearyddiaeth
Gletsjers	Rhewlifoedd
Ijs	Iâ
Migratie	Mudo
Mineralen	Mwynau
Omgeving	Amgylchedd
Onderzoeker	Ymchwilydd
Pinguïn	Pengwiniaid
Rotsachtig	Creigiog
Schiereiland	Penrhyn
Temperatuur	Tymheredd
Topografie	Topograffeg
Water	Dŵr
Wetenschappelijk	Gwyddonol
Wolken	Cymylau

Antiek
Hynafiaethau

Authentiek	Dilys
Beeldhouwwerk	Cerflun
Decoratief	Addurnol
Eeuw	Canrif
Elegant	Cain
Galerij	Oriel
Investering	Buddsoddiad
Kunst	Celf
Kwaliteit	Ansawdd
Meubilair	Dodrefn
Munten	Darnau Arian
Ongewoon	Anarferol
Oud	Hen
Prijs	Pris
Restauratie	Adfer
Schilderijen	Paentiadau
Stijl	Arddull
Veiling	Arwerthiant
Verzamelaar	Casglwr
Waarde	Gwerth

Archeologie
Archeoleg

Analyse	Dadansoddiad
Beschaving	Gwareiddiad
Bevindingen	Canfyddiadau
Botten	Esgyrn
Deskundige	Arbenigwr
Evaluatie	Gwerthuso
Fossiel	Ffosil
Fragmenten	Darnau
Graf	Bedd
Mysterie	Dirgelwch
Nakomeling	Disgynnydd
Objecten	Gwrthrychau
Onbekend	Anhysbys
Onderzoeker	Ymchwilydd
Oudheid	Hynafiaeth
Relikwie	Crair
Team	Tîm
Tempel	Deml
Tijdperk	Cyfnod
Vergeten	Anghofio

Astronomie
Seryddiaeth

Aarde	Ddaear
Asteroïde	Asteroid
Astronaut	Gofodwr
Astronoom	Seryddwr
Equinox	Equinox
Komeet	Gomed
Kosmos	Cosmos
Maan	Lleuad
Meteoor	Meteor
Nevel	Nebula
Observatorium	Arsyllfa
Planeet	Blaned
Raket	Roced
Satelliet	Lloeren
Ster	Seren
Sterrenbeeld	Cytser
Straling	Ymbelydredd
Telescoop	Telesgop
Universum	Bydysawd
Zwaartekracht	Disgyrchiant

Avontuur
Antur

Activiteit	Gweithgaredd
Bestemming	Cyrchfan
Enthousiasme	Brwdfrydedd
Excursie	Gwibdaith
Gevaarlijk	Peryglus
Kans	Cyfle
Moed	Dewrder
Moeilijkheid	Anhawster
Natuur	Natur
Navigatie	Llywio
Nieuw	Newydd
Ongewoon	Anarferol
Reizen	Teithio
Schoonheid	Harddwch
Uitdagingen	Heriau
Veiligheid	Diogelwch
Verrassend	Syndod
Voorbereiding	Paratoi
Vreugde	Llawenydd
Vrienden	Ffrindiau

Ballet
Bale

Applaus	Cymeradwyaeth
Artistiek	Artistig
Choreografie	Coreograffi
Componist	Cyfansoddwr
Dansers	Dawnswyr
Expressief	Mynegiannol
Gebaar	Ystum
Intensiteit	Dwysedd
Lessen	Gwersi
Muziek	Cerddoriaeth
Orkest	Cerddorfa
Publiek	Gynulleidfa
Repetitie	Ymarfer
Ritme	Rhythm
Sierlijk	Gosgeiddig
Solo	Unawd
Spieren	Cyhyrau
Stijl	Arddull
Techniek	Techneg

Barbecues
Barbeciws

Diner	Cinio
Familie	Teulu
Fruit	Ffrwyth
Grill	Gril
Groente	Llysiau
Heet	Poeth
Honger	Newyn
Kinderen	Plant
Kip	Cyw lâr
Messen	Cyllyll
Muziek	Cerddoriaeth
Peper	Pupur
Salades	Saladau
Saus	Saws
Tomaten	Tomatos
Uien	Syrthion
Uitnodiging	Gwahoddiad
Vorken	Ffyrc
Zomer	Haf
Zout	Halen

Behoud
Cadwraeth

Chemicaliën	Cemegau
Duurzaam	Cynaliadwy
Ecosysteem	Ecosystem
Fiets	Cylch
Gezondheid	Iechyd
Groen	Gwyrdd
Habitat	Cynefin
Klimaat	Hinsawdd
Milieu	Amgylcheddol
Natuurlijk	Naturiol
Onderwijs	Addysg
Organisch	Organig
Pesticide	Plaladdwyr
Recycleren	Ailgylchu
Veranderingen	Newidiadau
Verminderen	Lleihau
Vervuiling	Llygredd
Vrijwilliger	Gwirfoddolwr
Water	Dŵr
Zorg	Pryder

Beroepen #1
Proffesiynau # 1

Advocaat	Cyfreithiwr
Ambassadeur	Llysgennad
Apotheker	Fferyllydd
Astronoom	Seryddwr
Atleet	Mabolgampwr
Bankier	Banciwr
Cartograaf	Cartographer
Danser	Dawnsiwr
Dierenarts	Milfeddyg
Dokter	Meddyg
Editor	Golygydd
Geoloog	Daearegwr
Jager	Helwyr
Juwelier	Gemydd
Loodgieter	Plymwr
Muzikant	Cerddor
Pianist	Pianydd
Psycholoog	Seicolegydd
Verpleegster	Nyrs
Wetenschapper	Gwyddonydd

Beroepen #2
Proffesiynau # 2

Arts	Meddyg
Astronaut	Gofodwr
Bibliothecaris	Llyfrgellydd
Bioloog	Biolegydd
Boer	Ffermwr
Chirurg	Llawfeddyg
Detective	Ditectif
Filosoof	Athronydd
Fotograaf	Ffotograffydd
Illustrator	Darlunydd
Ingenieur	Peiriannydd
Journalist	Newyddiadurwr
Leraar	Athro
Linguïst	Ieithydd
Onderzoeker	Ymchwilydd
Piloot	Peilot
Schilder	Peintiwr
Tandarts	Deintydd
Tuinman	Garddwr
Uitvinder	Dyfeisiwr

Bijen
Gwenyn

Bestuiver	Peillio
Bijenkorf	Cwch
Bloemen	Blodau
Bloesem	Blodyn
Diversiteit	Amrywiaeth
Ecosysteem	Ecosystem
Fruit	Ffrwyth
Habitat	Cynefin
Honing	Mêl
Insect	Pryfed
Koningin	Brenhines
Rook	Mwg
Stuifmeel	Paill
Tuin	Gardd
Vleugels	Adenydd
Voedsel	Bwyd
Voordelig	Buddiol
Was	Cwyr
Zon	Haul
Zwerm	Haid

Bijvoeglijke Naamwoorden
Ansoddeiriau # 1

Aantrekkelijk	Deniadol
Actief	Gweithredol
Ambitieus	Uchelgeisiol
Aromatisch	Aromatig
Artistiek	Artistig
Belangrijk	Pwysig
Diep	Dwfn
Donker	Tywyll
Dun	Tenau
Eerlijk	Onest
Exotisch	Egsotig
Identiek	Union
Jong	Ifanc
Lang	Hir
Langzaam	Araf
Modern	Modern
Onschuldig	Diniwed
Perfect	Perffaith
Waardevol	Gwerthfawr
Zwaar	Trwm

Bijvoeglijke Naamwoorden
Ansoddeiriau # 2

Authentiek	Dilys
Begaafd	Dawnus
Beschrijvend	Disgrifiadol
Creatief	Creadigol
Dramatisch	Dramatig
Gezond	Iach
Hongerig	Llwglyd
Interessant	Diddorol
Moe	Flinedig
Natuurlijk	Naturiol
Nieuw	Newydd
Normaal	Arferol
Productief	Cynhyrchiol
Slaperig	Gysglyd
Sterk	Cryf
Trots	Falch
Verantwoordelijk	Cyfrifol
Wild	Gwyllt
Zout	Hallt
Zuiver	Pur

Biologie
Bioleg

Ademhaling	Resbiradaeth
Anatomie	Anatomeg
Bacteriën	Bacteria
Cel	Cell
Chromosoom	Cromosom
Collageen	Colagen
Eiwit	Protein
Embryo	Embryo
Enzym	Ensym
Evolutie	Esblygiad
Hormoon	Hormon
Mutatie	Treiglad
Natuurlijk	Naturiol
Neuron	Niwron
Osmose	Osmosis
Reptiel	Ymlusgiaid
Symbiose	Symbiosis
Synaps	Synapse
Zenuw	Nerf
Zoogdier	Mamal

Boeken
Llyfrau

Auteur	Awdur
Avontuur	Antur
Bladzijde	Tudalen
Collectie	Casgliad
Context	Cyd-Destun
Dualiteit	Deuoliaeth
Episch	Epig
Gedicht	Cerdd
Geschreven	Ysgrifenedig
Historisch	Hanesyddol
Humoristisch	Doniol
Inventief	Buddsoddi
Lezer	Darllenydd
Literair	Llenyddol
Poëzie	Barddoniaeth
Relevant	Perthnasol
Roman	Nofel
Tragisch	Trasig
Verhaal	Stori
Verteller	Adroddwr

Boerderij #1
Fferm # 1

Bij	Gwenyn
Ezel	Asyn
Geit	Gafr
Hek	Ffens
Hond	Ci
Honing	Mêl
Hooi	Gwair
Kalf	Llo
Kat	Cath
Kip	Cyw Iâr
Koe	Buwch
Kraai	Frân
Kudde	Ddiadell
Mest	Gwrtaith
Paard	Ceffyl
Rijst	Reis
Varken	Mochyn
Veld	Maes
Water	Dŵr
Zaden	Hadau

Boerderij #2
Fferm # 2

Boer	Ffermwr
Boomgaard	Berllan
Dieren	Anifeiliaid
Eend	Hwyaden
Fruit	Ffrwyth
Gerst	Haidd
Groente	Llysiau
Herder	Bugail
Irrigatie	Dyfrhau
Lam	Cig Oen
Lama	Lama
Maïs	Corn
Melk	Llaeth
Rijp	Aeddfed
Schaap	Defaid
Schuur	Ysgubor
Tarwe	Gwenith
Tractor	Tractor
Voedsel	Bwyd
Weide	Dôl

Boksen
Paffio

Elleboog	Penelin
Focus	Ffocws
Handschoenen	Menig
Herstel	Adfer
Hoek	Cornel
Kin	Ên
Klok	Cloch
Kracht	Cryfder
Lichaam	Corff
Punten	Pwyntiau
Scheidsrechter	Canolwr
Schoppen	Cicio
Snel	Cyflym
Tegenstander	Gwrthwynebydd
Touwen	Rhaffau
Uitgeput	Arddangos
Vechter	Ymladd
Verwondingen	Anafiadau
Vuist	Dwrn

Boten
Cychod

Anker	Angor
Bemanning	Criw
Boei	Prynu
Dok	Doc
Golven	Tonnau
Jacht	Hwylio
Kajak	Caiac
Kano	Canŵ
Mast	Mwyaf
Meer	Llyn
Motor	Peiriant
Nautisch	Morwrol
Oceaan	Cefnfor
Reddingsboot	Bad Achub
Rivier	Afon
Touw	Rhaff
Veerboot	Fferi
Vlot	Llu
Zee	Môr
Zeilboot	Cwch Hwylio

Camping
Gwersylla

Avontuur	Antur
Berg	Mynydd
Bomen	Coed
Bos	Coedwig
Brand	Tân
Cabine	Caban
Dieren	Anifeiliaid
Hangmat	Hammock
Hoed	Het
Insect	Pryfed
Jacht	Hela
Kaart	Map
Kano	Canŵ
Kompas	Cwmpawd
Lantaarn	Llusern
Maan	Lleuad
Meer	Llyn
Natuur	Natur
Tent	Pabell
Touw	Rhaff

Chemie
Cemeg

Alkalisch	Alcalïaidd
Chloor	Clorin
Elektron	Electron
Enzym	Ensym
Gas	Nwy
Gewicht	Pwysau
Ion	Ion
Katalysator	Catalydd
Koolstof	Carbon
Metalen	Metelau
Molecuul	Moleciwl
Organisch	Organig
Reactie	Adwaith
Temperatuur	Tymheredd
Vloeistof	Hylif
Warmte	Gwres
Waterstof	Hydrogen
Zout	Halen
Zuur	Asid
Zuurstof	Ocsigen

Chocolade
Siocled

Antioxidant	Gwrthocsidiol
Aroma	Arogl
Artisanaal	Crefftwyr
Bitter	Chwerw
Cacao	Cacao
Calorieën	Galorïau
Exotisch	Egsotig
Favoriet	Hoff
Heerlijk	Blasus
Ingrediënt	Cynhwysion
Karamel	Caramel
Kokosnoot	Cnau Coco
Kwaliteit	Ansawdd
Poeder	Powdr
Recept	Rysáit
Smaak	Blas
Snoep	Candy
Suiker	Siwgr
Zoet	Melys

Creativiteit
Creadigrwydd

Artistiek	Artistig
Beeld	Delwedd
Dramatisch	Dramatig
Echtheid	Dilysrwydd
Emoties	Emosiynau
Gevoel	Teimlad
Gevoelens	Teimladau
Helderheid	Eglurder
Ideeën	Syniadau
Indruk	Argraff
Inspiratie	Ysbrydoliaeth
Intensiteit	Dwysedd
Intuïtie	Greddf
Inventief	Buddsoddi
Spontaan	Digymell
Uitdrukking	Mynegiant
Verbeelding	Dychymyg
Vitaliteit	Bywiogrwydd
Vloeibaarheid	Hylifedd

Dagen en Maanden
Diwrnodau a Misoedd

Augustus	Awst
Dinsdag	Dydd Mawrth
Donderdag	Dydd Iau
Februari	Chwefror
Jaar	Blwyddyn
Januari	Ionawr
Juli	Gorffennaf
Juni	Mehefin
Kalender	Calendr
Maand	Mis
Maandag	Dydd Llun
Maart	Mawrth
November	Tachwedd
Oktober	Hydref
September	Medi
Vrijdag	Dydd Gwener
Week	Wythnos
Woensdag	Dydd Mercher
Zaterdag	Dydd Sadwrn
Zondag	Dydd Sul

Dans
Dawns

Academie	Academi
Beweging	Symudiad
Blij	Llawen
Choreografie	Coreograffi
Cultureel	Diwylliannol
Cultuur	Diwylliant
Emotie	Emosiwn
Expressief	Mynegiannol
Genade	Gras
Houding	Osgo
Klassiek	Clasurol
Kunst	Celf
Lichaam	Corff
Muziek	Cerddoriaeth
Partner	Partner
Repetitie	Ymarfer
Ritme	Rhythm
Springen	Neidio
Traditioneel	Traddodiadol
Visueel	Gweledol

De Media
Y Cyfryngau

Advertenties	Hysbysebion
Commercieel	Masnachol
Communicatie	Cyfathrebu
Digitaal	Digidol
Editie	Argraffiad
Feiten	Ffeithiau
Financiering	Cyllid
Houding	Agweddau
Individueel	Unigol
Industrie	Diwydiant
Intellectueel	Deallusol
Lokaal	Lleol
Mening	Barn
Netwerk	Rhwydwaith
Onderwijs	Addysg
Online	Ar-Lein
Publiek	Cyhoeddus
Radio	Radio
Televisie	Teledu
Tijdschriften	Cylchgronau

Ecologie
Ecoleg

Bergen	Mynyddoedd
Diversiteit	Amrywiaeth
Droogte	Sychder
Duurzaam	Cynaliadwy
Fauna	Ffawna
Flora	Flora
Gemeenschappe n	Cymunedau
Globaal	Byd-Eang
Habitat	Cynefin
Klimaat	Hinsawdd
Marinier	Morol
Moeras	Gors
Natuur	Natur
Natuurlijk	Naturiol
Overleving	Goroesi
Planten	Planhigion
Soort	Rhywogaethau
Vegetatie	Llystyfiant
Vrijwilligers	Gwirfoddolwyr

Elektriciteit
Trydan

Accu	Batri
Apparatuur	Offer
Draden	Gwifrau
Elektricien	Trydanwr
Elektrisch	Trydan
Generator	Generadur
Hoeveelheid	Maint
Kabel	Cebl
Lamp	Lamp
Laser	Laser
Magneet	Magnet
Negatief	Negyddol
Netwerk	Rhwydwaith
Objecten	Gwrthrychau
Opslag	Storio
Positief	Cadarnhaol
Stopcontact	Soced
Telefoon	Ffôn
Televisie	Teledu

Emoties
Emosiynau

Angst	Ofn
Dankbaar	Diolchgar
Droefheid	Tristwch
Gelukzaligheid	Wynfyd
Inhoud	Cynnwys
Kalm	Dawel
Liefde	Caru
Ontspannen	Hamddenol
Opgewonden	Gyffrous
Opluchting	Rhyddhad
Rust	Llonyddwch
Sympathie	Cydymdeimlad
Tederheid	Tynerwch
Tevreden	Fodlon
Verrassing	Syndod
Verveling	Diflastod
Vrede	Heddwch
Vreugde	Llawenydd
Vriendelijkheid	Caredigrwydd
Woede	Dicter

Energie
Ynni

Accu	Batri
Benzine	Gasoline
Brandstof	Tanwydd
Diesel	Diesel
Elektrisch	Trydan
Elektron	Electron
Entropie	Entropi
Foton	Ffoton
Hernieuwbaar	Adnewyddadwy
Industrie	Diwydiant
Koolstof	Carbon
Motor	Modur
Nucleair	Niwclear
Omgeving	Amgylchedd
Stoom	Ager
Turbine	Tyrbin
Vervuiling	Llygredd
Warmte	Gwres
Waterstof	Hydrogen
Wind	Gwynt

Engineering
Peirianneg

As	Echel
Berekening	Cyfrifiad
Beweging	Cynnig
Bouw	Adeiladu
Diagram	Diagram
Diameter	Diamedr
Diepte	Dyfnder
Diesel	Diesel
Distributie	Dosbarthu
Energie	Ynni
Hoek	Ongl
Kracht	Cryfder
Machine	Peiriant
Meting	Mesur
Motor	Modur
Rotatie	Cylchdro
Stabiliteit	Sefydlogrwydd
Structuur	Strwythur
Vloeistof	Hylif
Wrijving	Ffrithiant

Eten #1
Bwyd # 1

Aardbei	Mefus
Abrikoos	Bricyll
Basilicum	Basil
Citroen	Lemon
Gerst	Haidd
Kaneel	Sinamon
Knoflook	Garlleg
Melk	Llaeth
Peer	Gellyg
Pinda	Cnau Daear
Salade	Salad
Sap	Sudd
Soep	Cawl
Spinazie	Sbigoglys
Suiker	Siwgr
Tonijn	Tiwna
Ui	Union
Vlees	Cig
Wortel	Moron
Zout	Halen

Eten #2
Bwyd # 2

Amandel	Almon
Appel	Afal
Asperge	Asbaragws
Aubergine	Eggplant
Banaan	Banana
Broccoli	Brocoli
Brood	Bara
Chocolade	Siocled
Druif	Grawnwin
Ei	Wy
Ham	Ham
Kaas	Caws
Kip	Cyw Iâr
Kiwi	Ciwi
Perzik	Peach
Rijst	Reis
Tarwe	Gwenith
Tomaat	Tomato
Vis	Pysgod
Yoghurt	Iogwrt

Familie
Teulu

Broer	Brawd
Dochter	Merch
Grootmoeder	Nain
Jeugd	Plentyndod
Kind	Plentyn
Kinderen	Plant
Kleinkind	Wyres
Kleinzoon	Ŵyr
Man	Gŵr
Moeder	Fam
Neef	Nai
Nicht	Nith
Oom	Ewythr
Opa	Taid
Tante	Modryb
Vader	Tad
Vaderlijk	Tadol
Voorouder	Hynafiad
Vrouw	Gwraig
Zus	Chwaer

Fruit
Ffrwythau

Abrikoos	Bricyll
Appel	Afal
Avocado	Afocado
Banaan	Banana
Bes	Aeron
Citroen	Lemon
Druif	Grawnwin
Framboos	Mafon
Kers	Ceirios
Kiwi	Ciwi
Kokosnoot	Cnau Coco
Mango	Mango
Meloen	Melon
Nectarine	Nectarine
Oranje	Oren
Papaja	Papaia
Peer	Gellyg
Perzik	Peach
Pruim	Eirin
Vijg	Ffig

Gebouwen
Adeiladau

Appartement	Fflat
Bioscoop	Sinema
Boerderij	Fferm
Cabine	Caban
Fabriek	Ffatri
Garage	Garej
Hotel	Gwesty
Kasteel	Castell
Laboratorium	Labordy
Museum	Amgueddfa
Observatorium	Arsyllfa
School	Ysgol
Schuur	Ysgubor
Stadion	Stadiwm
Supermarkt	Archfarchnad
Tent	Pabell
Theater	Theatr
Toren	Twr
Universiteit	Prifysgol
Ziekenhuis	Ysbyty

Geografie
Daearyddiaeth

Atlas	Atlas
Berg	Mynydd
Breedtegraad	Lledred
Continent	Cyfandir
Eiland	Ynys
Evenaar	Cyhydedd
Halfrond	Hemisffer
Hoogte	Uchder
Kaart	Map
Land	Gwlad
Meridiaan	Meridian
Noorden	Gogledd
Oceaan	Cefnfor
Regio	Rhanbarth
Rivier	Afon
Stad	Dinas
Wereld	Byd
Westen	Gorllewin
Zee	Môr
Zuiden	De

Geologie
Daeareg

Aardbeving	Daeargryn
Calcium	Calsiwm
Continent	Cyfandir
Fossiel	Ffosil
Geiser	Geyser
Gesmolten	Tawdd
Grot	Ogof
Koraal	Cwrel
Kristallen	Crisialau
Kwarts	Cwarts
Laag	Haen
Lava	Lafa
Mineralen	Mwynau
Plateau	Gwastad
Stalactiet	Stalactite
Steen	Carreg
Vulkaan	Llosgfynydd
Zone	Parth
Zout	Halen
Zuur	Asid

Geometrie
Geometreg

Berekening	Cyfrifiad
Cirkel	Cylch
Curve	Gromlin
Diameter	Diamedr
Dimensie	Dimensiwn
Driehoek	Triongl
Hoek	Ongl
Hoogte	Uchder
Horizontaal	Llorweddol
Logica	Rhesymeg
Loodrecht	Berpendicwlar
Massa	Màs
Mediaan	Canolrif
Oppervlak	Wyneb
Parallel	Cyfochrog
Segment	Segment
Symmetrie	Cymesuredd
Theorie	Theori
Vergelijking	Hafaliad
Verticaal	Fertigol

Getallen
Rhifau

Acht	Wyth
Achttien	Deunaw
Decimaal	Degol
Dertien	Tri ar Ddeg
Drie	Tri
Een	Un
Negen	Naw
Nul	Sero
Tien	Deg
Twaalf	Deuddeg
Twee	Dau
Twintig	Ugain
Vier	Pedwar
Vijf	Pump
Vijftien	Pymtheg
Wiskunde	Math
Zes	Chwech
Zestien	Un ar Bymtheg
Zeven	Saith

Gezondheid en Welzijn #1
Iechyd a Lles # 1

Actief	Gweithredol
Apotheek	Fferyllfa
Bacteriën	Bacteria
Behandeling	Triniaeth
Breuk	Twyll
Dokter	Meddyg
Gewoonte	Arfer
Honger	Newyn
Hoogte	Uchder
Hormonen	Hormonau
Houding	Osgo
Huid	Croen
Kliniek	Clinig
Letsel	Anaf
Medicijn	Meddygaeth
Ontspanning	Ymlacio
Reflex	Atgyrch
Spieren	Cyhyrau
Therapie	Therapi
Zenuwen	Nerfau

Gezondheid en Welzijn #2
Iechyd a Lles # 2

Allergie	Alergedd
Anatomie	Anatomeg
Bloed	Gwaed
Calorie	Calori
Dieet	Deiet
Energie	Ynni
Genetica	Geneteg
Gewicht	Pwysau
Gezond	Iach
Herstel	Adfer
Hygiëne	Hylendid
Infectie	Haint
Lichaam	Corff
Massage	Tylino
Spijsvertering	Treuliad
Stress	Straen
Vitamine	Fitamin
Voeding	Maeth
Ziekenhuis	Ysbyty
Ziekte	Clefyd

Groenten
Llysiau

Aardappel	Tatws
Artisjok	Artisiog
Aubergine	Eggplant
Broccoli	Brocoli
Erwt	Pys
Gember	Sinsir
Knoflook	Garlleg
Komkommer	Ciwcymbr
Olijf	Olewydd
Paddestoel	Madarch
Peterselie	Persli
Pompoen	Pwmpen
Raap	Maip
Radijs	Radish
Salade	Salad
Selderij	Seleri
Spinazie	Sbigoglys
Tomaat	Tomato
Ui	Union
Wortel	Moron

Haartypes
Mathau o Wallt

Blond	Blond
Bruin	Brown
Dik	Trwchus
Droog	Sych
Dun	Tenau
Gekleurd	Lliw
Gevlochten	Plethedig
Gezond	Iach
Glad	Llyfn
Glimmend	Sgleiniog
Grijs	Llwyd
Kaal	Moel
Kort	Byr
Krullen	Curls
Krullend	Cyrliog
Lang	Hir
Wit	Gwyn
Zacht	Meddal
Zilver	Arian
Zwart	Du

Herbalisme
Llysieuol

Aromatisch	Aromatig
Basilicum	Basil
Bloem	Blodyn
Culinair	Coginio
Dille	Dil
Dragon	Taragon
Groen	Gwyrdd
Ingrediënt	Cynhwysion
Knoflook	Garlleg
Kwaliteit	Ansawdd
Lavendel	Lafant
Marjolein	Marjoram
Oregano	Oregano
Peterselie	Persli
Rozemarijn	Rhosmar
Saffraan	Saffrwm
Smaak	Blas
Tijm	Teim
Tuin	Gardd
Venkel	Ffenigl

Het Bedrijf
Y Cwmni

Beslissing	Penderfyniad
Creatief	Creadigol
Eenheden	Unedau
Globaal	Byd-Eang
Industrie	Diwydiant
Inkomsten	Refeniw
Innovatief	Arloesol
Investering	Buddsoddiad
Kwaliteit	Ansawdd
Loon	Cyflogau
Mogelijkheid	Posibilrwydd
Presentatie	Cyflwyniad
Product	Cynnyrch
Professioneel	Proffesiynol
Reputatie	Enw Da
Risico'S	Risgiau
Trends	Tueddiadau
Vooruitgang	Cynnydd
Werkgelegenheid	Cyflogaeth
Zaak	Busnes

Huis
Tŷ

Bezem	Banadl
Bibliotheek	Llyfrgell
Dak	To
Deur	Drws
Douche	Cawod
Garage	Garej
Haard	Lle Tân
Hek	Ffens
Kamer	Ystafell
Kelder	Islawr
Keuken	Cegin
Lamp	Lamp
Meubilair	Dodrefn
Muur	Wal
Plafond	Nenfwd
Schoorsteen	Simnai
Slaapkamer	Ystafell Wely
Spiegel	Drych
Tapijt	Rug
Tuin	Gardd

Immigratie
Mewnfudo

Administratie	Gweinyddu
Bescherming	Diogelu
Communicatie	Cyfathrebu
Documenten	Dogfennau
Financiering	Cyllid
Goedkeuring	Cymeradwyaeth
Grenzen	Ffiniau
Huisvesting	Tai
Hulp	Cymorth
Kinderen	Plant
Officier	Swyddog
Onderhandeling	Trafod
Oplossing	Ateb
Situatie	Sefyllfa
Stress	Straen
Taal	Iaith
Termijn	Dyddiad Cau
Volwassenen	Oedolion
Wet	Cyfraith

Installaties
Planhigion

Bamboe	Bambŵ
Bes	Aeron
Bloem	Blodyn
Boom	Coed
Boon	Ffa
Bos	Coedwig
Cactus	Cactus
Flora	Flora
Gebladerte	Dail
Gras	Glaswellt
Groeien	Tyfu
Klimop	Eiddew
Kruid	Perlysiau
Mest	Gwrtaith
Mos	Mwsogl
Plantkunde	Llysieueg
Struik	Llwyn
Tuin	Gardd
Vegetatie	Llystyfiant
Wortel	Gwraidd

Jazz
Jazz

Album	Albwm
Applaus	Cymeradwyaeth
Artiest	Artist
Beroemd	Enwog
Componist	Cyfansoddwr
Concert	Cyngerdd
Favorieten	Ffefrynnau
Genre	Genre
Improvisatie	Byrfyfyr
Lied	Cân
Muziek	Cerddoriaeth
Nadruk	Pwyslais
Nieuw	Newydd
Orkest	Cerddorfa
Oud	Hen
Ritme	Rhythm
Samenstelling	Cyfansoddiad
Stijl	Arddull
Talent	Talent
Techniek	Techneg

Keuken
Cegin

Cup	Cwpanau
Eetstokjes	Chopsticks
Grill	Gril
Ketel	Tegell
Koelkast	Oergell
Kom	Bowl
Kruik	Jwg
Lepels	Llwyau
Messen	Cyllyll
Oven	Popty
Pollepel	Lletwad
Pot	Jar
Recept	Rysáit
Schort	Ffedog
Servet	Napcyn
Specerijen	Sbeisys
Spons	Noddi
Voedsel	Bwyd
Vorken	Ffyrc
Vriezer	Rhewgell

Kleding
Dillad

Armband	Breichled
Blouse	Blows
Broek	Pants
Handschoenen	Menig
Hoed	Het
Jas	Côt
Jasje	Siaced
Jurk	Gwisg
Ketting	Adnabod
Mode	Ffasiwn
Pyjama	Pyjamas
Riem	Gwregys
Rok	Sgert
Sandalen	Sandalau
Schoen	Esgid
Schort	Ffedog
Shirt	Crys
Sjaal	Sgarff
Sokken	Sanau
Trui	Chwyswr

Klimmen
Dringo

Atmosfeer	Awyrgylch
Deskundige	Arbenigwr
Fysiek	Corfforol
Gidsen	Canllawiau
Grot	Ogof
Handschoenen	Menig
Helm	Helm
Hoogte	Uchder
Kaart	Map
Kracht	Cryfder
Laarzen	Esgidiau
Letsel	Anaf
Nieuwsgierigheid	Chwilfrydedd
Opleiding	Hyfforddiant
Smal	Cul
Stabiliteit	Sefydlogrwydd
Terrein	Tir
Uitdagingen	Heriau
Wandelen	Heicio

Koffie
Coffi

Aroma	Arogl
Beker	Cwpan
Bitter	Chwerw
Cafeïne	Caffein
Drank	Diod
Filter	Hidlo
Geroosterd	Rhost
Malen	Malu
Melk	Llaeth
Ochtend	Bore
Oorsprong	Tarddiad
Prijs	Pris
Room	Hufen
Smaak	Blas
Suiker	Siwgr
Variëteit	Amrywiaeth
Vloeistof	Hylif
Water	Dŵr
Zuur	Asidig
Zwart	Du

Kracht en Zwaartekracht
Heddlu a Disgyrchiant

Afstand	Pellter
As	Echel
Baan	Orbit
Beweging	Cynnig
Centrum	Canol
Druk	Pwysau
Dynamisch	Dynamig
Eigendommen	Eiddo
Impact	Effaith
Magnetisme	Magneteg
Mechanica	Mecaneg
Natuurkunde	Ffiseg
Omvang	Maint
Ontdekking	Darganfyddiad
Planeten	Planedau
Snelheid	Cyflymder
Tijd	Amser
Uitbreiding	Ehangu
Universeel	Cyffredinol
Wrijving	Ffrithiant

Kunst
Celf

Beeldhouwwerk	Cerflun
Complex	Cymhleth
Creëren	Creu
Eenvoudig	Syml
Eerlijk	Onest
Figuur	Ffigur
Geïnspireerd	Ysbrydoli
Humeur	Hwyliau
Keramisch	Ceramig
Onderwerp	Pwnc
Origineel	Gwreiddiol
Persoonlijk	Personol
Poëzie	Barddoniaeth
Portretteren	Portreadu
Samenstelling	Cyfansoddiad
Schilderijen	Paentiadau
Surrealisme	Swrealaeth
Symbool	Symbol
Uitdrukking	Mynegiant
Visueel	Gweledol

Landen #1
Gwledydd # 1

België	Gwlad Belg
Brazilië	Brasil
Cambodja	Cambodia
Canada	Canada
Chili	Chile
Duitsland	Yr Almaen
Egypte	Yr Aifft
Irak	Irac
Israël	Israel
Italië	Yr Eidal
Letland	Latfia
Libië	Libya
Marokko	Moroco
Nicaragua	Nicaragua
Noorwegen	Norwy
Panama	Panama
Polen	Gwlad Pwyl
Roemenië	Romania
Senegal	Senegal
Spanje	Sbaen

Landen #2
Gwledydd # 2

Denemarken	Denmarc
Ethiopië	Ethiopia
Frankrijk	Ffrainc
Griekenland	Gwlad Groeg
Ierland	Iwerddon
Indonesië	Indonesia
Japan	Japan
Kenia	Kenya
Laos	Laos
Libanon	Libanus
Liberia	Liberia
Maleisië	Malaysia
Mexico	Mecsico
Nepal	Nepal
Nigeria	Nigeria
Oeganda	Uganda
Oekraïne	Wcráin
Rusland	Rwsia
Somalië	Somalia
Syrië	Syria

Landschappen
Tirweddau

Berg	Mynydd
Eiland	Ynys
Geiser	Geyser
Gletsjer	Rhewlif
Grot	Ogof
Heuvel	Bryn
Ijsberg	Mynydd lâ
Meer	Llyn
Moeras	Gors
Oase	Werddon
Oceaan	Cefnfor
Rivier	Afon
Schiereiland	Penrhyn
Strand	Traeth
Toendra	Tundra
Vallei	Dyffryn
Vulkaan	Llosgfynydd
Waterval	Rhaeadr
Woestijn	Anialwch
Zee	Môr

Literatuur
Llenyddiaeth

Analogie	Cyfatebiaeth
Analyse	Dadansoddiad
Anekdote	Chwedl
Auteur	Awdur
Biografie	Bywgraffiad
Conclusie	Casgliad
Dialoog	Deialog
Fictie	Ffuglen
Gedicht	Cerdd
Mening	Barn
Metafoor	Trosiad
Poëtisch	Barddonol
Rijm	Odl
Ritme	Rhythm
Roman	Nofel
Stijl	Arddull
Thema	Thema
Tragedie	Drychineb
Vergelijking	Cymhariaeth
Verteller	Adroddwr

Meditatie
Myfyrdod

Aandacht	Sylw
Aanvaarding	Derbyn
Ademhaling	Anadlu
Beweging	Symudiad
Dankbaarheid	Diolchgarwch
Emoties	Emosiynau
Gedachten	Meddyliau
Geluk	Hapusrwydd
Helderheid	Eglurder
Houding	Osgo
Kalm	Dawel
Mededogen	Tosturi
Mentaal	Meddyliol
Muziek	Cerddoriaeth
Natuur	Natur
Perspectief	Safbwynt
Stilte	Distawrwydd
Vrede	Heddwch
Vriendelijkheid	Caredigrwydd
Wakker	Effro

Meer Informatie
Ffuglen Gwyddoniaeth

Bioscoop	Sinema
Boeken	Llyfrau
Brand	Tân
Denkbeeldig	Dychmygol
Dystopie	Dystopia
Explosie	Ffrwydrad
Extreem	Eithafol
Fantastisch	Gwych
Futuristisch	Dyfodolaidd
Illusie	Rhith
Mysterieus	Dirgel
Orakel	Oracle
Planeet	Blaned
Realistisch	Realistig
Robots	Robotiaid
Scenario	Senario
Sterrenstelsel	Galaeth
Technologie	Technoleg
Utopie	Utopia
Wereld	Byd

Menselijk Lichaam
Corff Dynol

Been	Coes
Bloed	Gwaed
Elleboog	Penelin
Enkel	Ffêr
Hand	Llaw
Hart	Galon
Hersenen	Ymennydd
Hoofd	Pen
Huid	Croen
Kin	Ên
Knie	Pen-Glin
Maag	Bola
Mond	Geg
Nek	Gwddf
Neus	Trwyn
Oog	Llygad
Oor	Clust
Schouder	Ysgwydd
Tong	Tafod
Vinger	Bys

Metingen
Mesuriadau

Breedte	Lled
Byte	Beit
Centimeter	Canolfan
Decimaal	Degol
Diepte	Dyfnder
Gewicht	Pwysau
Graad	Gradd
Gram	Gram
Hoogte	Uchder
Inch	Modfedd
Kilogram	Cilogram
Lengte	Hyd
Liter	Litr
Massa	Màs
Meter	Mesurydd
Minuut	Munud
Ons	Owns
Pint	Peint
Ton	Tunnell
Volume	Cyfrol

Mode
Ffasiwn

Afmetingen	Mesuriadau
Bescheiden	Cymedrol
Betaalbaar	Fforddiadwy
Borduurwerk	Brodwaith
Comfortabel	Cyfforddus
Duur	Drud
Eenvoudig	Syml
Elegant	Cain
Kant	Lace
Kleding	Dillad
Knop	Botymau
Minimalistisch	Lleiaf
Modern	Modern
Origineel	Gwreiddiol
Patroon	Patrwm
Praktisch	Ymarferol
Stijl	Arddull
Textuur	Gwead
Trend	Tuedd
Winkel	Boutique

Muziek
Cerddoriaeth

Album	Albwm
Ballade	Baled
Harmonie	Harmoni
Improviseren	Byrfyfyr
Instrument	Offeryn
Klassiek	Clasurol
Koor	Corws
Lyrisch	Telynegol
Melodie	Alaw
Microfoon	Meicroffon
Muzikaal	Cerddorol
Muzikant	Cerddor
Opera	Opera
Opname	Cofnodi
Poëtisch	Barddonol
Ritme	Rhythm
Ritmisch	Rhythmig
Tempo	Tempo
Zanger	Canwr
Zingen	Canu

Mythologie
Mytholeg

Bliksem	Mellt
Creatie	Creu
Cultuur	Diwylliant
Donder	Meddwl
Doolhof	Labyrinth
Gedrag	Ymddygiad
Held	Arwr
Heldin	Arwres
Hemel	Nefoedd
Jaloezie	Cenfigen
Kracht	Cryfder
Krijger	Rhyfelwr
Legende	Chwedl
Magisch	Hudol
Monster	Anghenfil
Onsterfelijkheid	Anfarwoldeb
Ramp	Trychineb
Sterfelijk	Marwol
Wezen	Creadur
Wraak	Dial

Natuur
Natur

Arctisch	Arctig
Bergen	Mynyddoedd
Bijen	Gwenyn
Bos	Coedwig
Dieren	Anifeiliaid
Dynamisch	Dynamig
Gebladerte	Dail
Gletsjer	Rhewlif
Heiligdom	Cysegr
Klippen	Clogwyni
Mist	Niwl
Rivier	Afon
Rustig	Heddychlon
Schoonheid	Harddwch
Sereen	Tawel
Tropisch	Trofannol
Vitaal	Hanfodol
Wild	Gwyllt
Woestijn	Anialwch
Wolken	Cymylau

Natuurkunde
Ffiseg

Atoom	Atom
Chaos	Anhrefn
Chemisch	Cemegol
Deeltje	Gronynnau
Dichtheid	Dwysedd
Elektron	Electron
Experiment	Arbrawf
Formule	Fformiwla
Frequentie	Amlder
Gas	Nwy
Magnetisme	Magneteg
Massa	Màs
Mechanica	Mecaneg
Molecuul	Moleciwl
Motor	Peiriant
Relativiteit	Ymlacio
Snelheid	Cyflymder
Universeel	Cyffredinol
Versnelling	Cyflymiad
Zwaartekracht	Disgyrchiant

Oceaan
Cefnfor

Aal	Llysywod
Algen	Algâu
Boot	Cwch
Dolfijn	Dolffin
Garnaal	Berdys
Getijden	Llanw
Golven	Tonnau
Haai	Siarc
Koraal	Cwrel
Krab	Cranc
Kwal	Sglefrod Môr
Octopus	Octopws
Oester	Wystrys
Schildpad	Crwban
Spons	Noddi
Storm	Storm
Tonijn	Tiwna
Vis	Pysgod
Walvis	Morfil
Zout	Halen

Opwarming van de Aarde
Cynhesu Byd-Eang

Aandacht	Sylw
Arctisch	Arctig
Crisis	Argyfwng
Energie	Ynni
Gas	Nwy
Gegevens	Data
Generaties	Cenedlaethau
Gevolgen	Canlyniadau
Industrie	Diwydiant
Internationaal	Rhyngwladol
Klimaat	Hinsawdd
Milieu	Amgylcheddol
Nu	Nawr
Ontwikkeling	Datblygu
Regering	Llywodraeth
Temperaturen	Tymheredd
Toekomst	Dyfodol
Veranderingen	Newidiadau
Wetenschapper	Gwyddonydd
Wetgeving	Deddfwriaeth

Overheid
Llywodraeth

Burgerschap	Dinasyddiaeth
Civiel	Sifil
Democratie	Democratiaeth
Discussie	Trafodaeth
Gelijkheid	Cydraddoldeb
Gerechtelijk	Barnwrol
Gerechtigheid	Cyfiawnder
Grondwet	Cyfansoddiad
Leider	Arweinydd
Monument	Heneb
Natie	Cenedl
Nationaal	Cenedlaethol
Rechten	Hawliau
Rustig	Heddychlon
Staat	Wladwriaeth
Symbool	Symbol
Toespraak	Araith
Vrijheid	Rhyddid
Wet	Cyfraith
Wijk	Ardal

Psychologie
Seicoleg

Beoordeling	Asesiad
Bewusteloos	Anymwybodol
Cognitie	Gwybyddiaeth
Conflict	Gwrthdaro
Dromen	Breuddwydion
Ego	Ego
Emoties	Emosiynau
Ervaringen	Profiadau
Gedachten	Meddyliau
Gedrag	Ymddygiad
Gevoel	Teimlad
Herinneringen	Atgofion
Invloed	Dylanwadau
Jeugd	Plentyndod
Klinisch	Clinigol
Perceptie	Canfyddiad
Persoonlijkheid	Personoliaeth
Probleem	Broblem
Realiteit	Realiti
Therapie	Therapi

Regenwoud
Fforestydd Glaw

Amfibieën	Amffibiaid
Behoud	Cadwraeth
Botanisch	Botanegol
Diversiteit	Amrywiaeth
Gemeenschap	Cymuned
Inheems	Cynhenid
Insecten	Pryfed
Jungle	Jyngl
Klimaat	Hinsawdd
Mos	Mwsogl
Natuur	Natur
Overleving	Goroesi
Respect	Parch
Restauratie	Adfer
Soort	Rhywogaethau
Toevlucht	Lloches
Vogels	Adar
Waardevol	Gwerthfawr
Wolken	Cymylau
Zoogdieren	Mamaliaid

Rijden
Gyrru

Auto	Car
Brandstof	Tanwydd
Garage	Garej
Gas	Nwy
Gevaar	Perygl
Kaart	Map
Licentie	Trwydded
Motor	Modur
Motorfiets	Beic Modur
Ongeluk	Damwain
Politie	Heddlu
Remmen	Breciau
Snelheid	Cyflymder
Straat	Stryd
Tunnel	Twnnel
Veiligheid	Diogelwch
Verkeer	Traffig
Voetganger	Cerddwyr
Vrachtauto	Lori
Weg	Ffordd

Schaken
Gwyddbwyll

Diagonaal	Lletraws
Kampioen	Pencampwr
Koning	Brenin
Koningin	Brenhines
Leren	I Ddysgu
Offer	Aberth
Passief	Goddefol
Punten	Pwyntiau
Reglement	Rheolau
Spel	Gêm
Speler	Chwaraewr
Strategie	Strategaeth
Tegenstander	Gwrthwynebydd
Tijd	Amser
Toernooi	Twrnamaint
Uitdagingen	Heriau
Wedstrijd	Gystadleuaeth
Wit	Gwyn
Zwart	Du

Schoonheid
Harddwch

Charme	Swyn
Cosmetica	Colur
Diensten	Gwasanaethau
Elegant	Cain
Elegantie	Ceinder
Fotogeniek	Ffotogenig
Genade	Gras
Geur	Fragrance
Glad	Llyfn
Huid	Croen
Kleur	Lliw
Krullen	Curls
Lippenstift	Minlliw
Mascara	Mascara
Producten	Cynhyrchion
Schaar	Siswrn
Shampoo	Siamp
Spiegel	Drych
Stilist	Steilydd
Verzinnen	Cyfansoddiad

Specerijen
Sbeisys

Anijs	Anise
Bitter	Chwerw
Gember	Sinsir
Kaneel	Sinamon
Kardemom	Cardamom
Kerrie	Cyri
Knoflook	Garlleg
Komijn	Cwmin
Koriander	Coriander
Kruidnagel	Ewin
Nootmuskaat	Nytmeg
Paprika	Paprika
Peper	Pupur
Saffraan	Saffrwm
Smaak	Blas
Ui	Union
Vanille	Fanila
Venkel	Ffenigl
Zoet	Melys
Zout	Halen

Stad
Y Dref

Apotheek	Fferyllfa
Bakkerij	Becws
Bank	Banc
Bibliotheek	Llyfrgell
Bioscoop	Sinema
Bloemist	Siop Flodau
Boekhandel	Siop Lyfrau
Dierentuin	Sw
Galerij	Oriel
Hotel	Gwesty
Kliniek	Clinig
Luchthaven	Maes Awyr
Markt	Farchnad
Museum	Amgueddfa
School	Ysgol
Stadion	Stadiwm
Supermarkt	Archfarchnad
Theater	Theatr
Universiteit	Prifysgol
Winkel	Siop

Tijd
Amser

Dag	Dydd
Decennium	Degawd
Eeuw	Canrif
Gisteren	Ddoe
Jaar	Blwyddyn
Jaarlijks	Blynyddol
Kalender	Calendr
Klok	Cloc
Maand	Mis
Middag	Hanner Dydd
Minuut	Munud
Na	Ar Ôl
Nacht	Nos
Nu	Nawr
Ochtend	Bore
Toekomst	Dyfodol
Uur	Awr
Vandaag	Heddiw
Vroeg	Yn Gynnar
Week	Wythnos

Tuin
Gardd

Bank	Mainc
Bloem	Blodyn
Boom	Coed
Garage	Garej
Gazon	Lawnt
Gras	Glaswellt
Hangmat	Hammock
Hark	Rhaca
Hek	Ffens
Onkruid	Chwyn
Rotsen	Creigiau
Schop	Rhaw
Slang	Pibell
Struik	Llwyn
Terras	Teras
Trampoline	Trampolîn
Tuin	Gardd
Veranda	Cyntedd
Vijver	Pwll
Wijnstok	Winwydd

Tuinieren
Garddio

Bloemen	Blodau
Bloesem	Blodyn
Bodem	Pridd
Boeket	Tusw
Boomgaard	Berllan
Botanisch	Botanegol
Compost	Compost
Container	Cynhwysydd
Eetbaar	Bwytadwy
Exotisch	Egsotig
Gebladerte	Dail
Klimaat	Hinsawdd
Seizoensgebonden	Tymhorol
Slang	Pibell
Soort	Rhywogaethau
Vocht	Lleithder
Vuil	Baw
Water	Dŵr
Zaden	Hadau

Universum
Bydysawd

Asteroïde	Asteroid
Astronomie	Seryddiaeth
Astronoom	Seryddwr
Atmosfeer	Awyrgylch
Baan	Orbit
Breedtegraad	Lledred
Dierenriem	Sidydd
Duisternis	Tywyllwch
Evenaar	Cyhydedd
Halfrond	Hemisffer
Hemel	Awyr
Horizon	Gorwel
Kantelen	Tilt
Kosmisch	Cosmig
Lengtegraad	Hydred
Maan	Lleuad
Sterrenstelsel	Galaeth
Telescoop	Telesgop
Zichtbaar	Gweladwy
Zonnewende	Ateb

Vakantie #2
Yn Ystod y Gwyliau #2

Bestemming	Cyrchfan
Buitenlander	Estron
Buitenlands	Tramor
Eiland	Ynys
Hotel	Gwesty
Kaart	Map
Kamperen	Gwersylla
Luchthaven	Maes Awyr
Paspoort	Pasbort
Reis	Taith
Reserveringen	Amheuon
Restaurant	Bwyty
Strand	Traeth
Taxi	Tacsi
Tent	Pabell
Vakantie	Gwyliau
Vervoer	Cludiant
Visum	Fisa
Vrije Tijd	Hamdden
Zee	Môr

Vissen
Pysgota

Aas	Abwyd
Apparatuur	Offer
Boot	Cwch
Draad	Gwifren
Geduld	Amynedd
Gewicht	Pwysau
Haak	Bachyn
Kaak	Ên
Kieuwen	Tagellau
Kok	Coginio
Mand	Basged
Meer	Llyn
Oceaan	Cefnfor
Overdrijving	Esboniad
Rivier	Afon
Seizoen	Tymor
Strand	Traeth
Vinnen	Esgyll
Water	Dŵr

Vliegtuigen
Awyrennau

Afdaling	Disgyniad
Atmosfeer	Awyrgylch
Avontuur	Antur
Ballon	Balŵn
Bemanning	Criw
Bouw	Adeiladu
Brandstof	Tanwydd
Geschiedenis	Hanes
Hoogte	Uchder
Lanceren	Lansio
Landen	Glanio
Lucht	Awyr
Motor	Peiriant
Navigeren	Lywio
Ontwerp	Dylunio
Passagier	Teithwyr
Piloot	Peilot
Richting	Cyfeiriad
Turbulentie	Cynnwrf
Waterstof	Hydrogen

Voeding
Maeth

Bitter	Chwerw
Calorieën	Galorïau
Dieet	Deiet
Eetbaar	Bwytadwy
Eetlust	Archwaeth
Eiwitten	Proteinau
Evenwichtig	Cytbwys
Fermentatie	Eplesu
Gewicht	Pwysau
Gezond	Iach
Gezondheid	Iechyd
Koolhydraten	Carbohydradau
Kwaliteit	Ansawdd
Saus	Saws
Smaak	Blas
Spijsvertering	Treuliad
Toxine	Gwenwyn
Vitamine	Fitamin
Vloeistoffen	Hylifau
Voedingsstof	Maeth

Voertuigen
Cerbydau

Ambulance	Ambiwlans
Auto	Car
Banden	Tirion
Boot	Cwch
Bus	Bws
Caravan	Carafan
Fiets	Beic
Helikopter	Hofrennydd
Metro	Isffordd
Motor	Modur
Onderzeeër	Llong Danfor
Raket	Roced
Scooter	Sgwter
Taxi	Tacsi
Tractor	Tractor
Trein	Trên
Veerboot	Fferi
Vliegtuig	Awyren
Vlot	Llu
Vrachtauto	Lori

Vogels
Adar

Duif	Colomen
Eend	Hwyaden
Ei	Wy
Flamingo	Fflamingo
Gans	Gŵydd
Kip	Cyw iâr
Koekoek	Gog
Kraai	Frân
Meeuw	Gwylan
Mus	Aderyn
Ooievaar	Ciconia
Papegaai	Parot
Pauw	Paun
Pelikaan	Pelican
Pinguïn	Pengwin
Reiger	Crëyr
Struisvogel	Estrys
Toekan	Twcan
Uil	Dylluan
Zwaan	Alarch

Wandelen
Heicio

Berg	Mynydd
Dieren	Anifeiliaid
Gevaren	Peryglon
Gidsen	Canllawiau
Kaart	Map
Kamperen	Gwersylla
Klif	Clogwyn
Klimaat	Hinsawdd
Laarzen	Esgidiau
Moe	Flinedig
Natuur	Natur
Oriëntatie	Cyfeiriad
Parken	Parciau
Stenen	Cerrig
Voorbereiding	Paratoi
Water	Dŵr
Weer	Tywydd
Wild	Gwyllt
Zon	Haul
Zwaar	Trwm

Weersomstandigheden
Tywydd

Atmosfeer	Awyrgylch
Bliksem	Mellt
Donder	Taranau
Droog	Sych
Droogte	Sychder
Hemel	Awyr
Ijs	Iâ
Klimaat	Hinsawdd
Mist	Niwl
Moesson	Monsŵn
Orkaan	Corwynt
Overstroming	Llifogydd
Polair	Polar
Regenboog	Enfys
Storm	Storm
Temperatuur	Tymheredd
Tornado	Tornado
Tropisch	Trofannol
Wind	Gwynt
Wolk	Cwmwl

Wetenschap
Gwyddoniaeth

Atoom	Atom
Chemisch	Cemegol
Deeltjes	Gronynnau
Evolutie	Esblygiad
Experiment	Arbrawf
Feit	Ffaith
Fossiel	Ffosil
Gegevens	Data
Hypothese	Ddamcaniaeth
Klimaat	Hinsawdd
Laboratorium	Labordy
Methode	Dull
Mineralen	Mwynau
Moleculen	Moleciwlau
Natuur	Natur
Natuurkunde	Ffiseg
Organisme	Organeb
Planten	Planhigion
Wetenschapper	Gwyddonydd
Zwaartekracht	Disgyrchiant

Wetenschappelijke Discip
Ddisgyblaethau Gwyddonol

Anatomie	Anatomeg
Archeologie	Archaeoleg
Astronomie	Seryddiaeth
Biochemie	Biocemeg
Biologie	Bioleg
Chemie	Cemeg
Ecologie	Ecoleg
Fysiologie	Ffisioleg
Geologie	Daeareg
Immunologie	Imiwnoleg
Mechanica	Mecaneg
Meteorologie	Meteoroleg
Mineralogie	Mwynglawdd
Neurologie	Niwroleg
Plantkunde	Llysieueg
Psychologie	Seicoleg
Robotica	Roboteg
Sociologie	Cymdeithaseg
Voeding	Maeth
Zoölogie	Milofyddiaeth

Wiskunde
Mathemateg

Decimaal	Degol
Diameter	Diamedr
Driehoek	Triongl
Fractie	Ffracsiwn
Geometrie	Geometreg
Graden	Graddau
Hoeken	Onglau
Loodrecht	Berpendicwlar
Omtrek	Cylchedd
Parallel	Cyfochrog
Parallellogram	Paralelogram
Rechthoek	Petryal
Rekenkundig	Rhifyddeg
Som	Swm
Straal	Radiws
Symmetrie	Cymesuredd
Veelhoek	Polygon
Vergelijking	Hafaliad
Vierkant	Sgwâr
Volume	Cyfrol

Zakelijk
Busnes

Baas	Bos
Bedrijf	Cwmni
Begroting	Cyllideb
Belastingen	Trethi
Carrière	Gyrfa
Economie	Economeg
Fabriek	Ffatri
Financiën	Cyllid
Geld	Arian
Inkomen	Incwm
Investering	Buddsoddiad
Kantoor	Swyddfa
Korting	Disgownt
Kosten	Cost
Transactie	Trafod
Verkoop	Gwerthu
Werkgever	Cyflogwr
Werknemer	Cyflogai
Winkel	Siop
Winst	Elw

Ziekte
Clefyd

Acuut	Aciwt
Ademhaling	Atebol
Allergieën	Alergeddau
Besmettelijk	Heintus
Botten	Esgyrn
Chronisch	Cronig
Erfelijk	Etifeddol
Genetisch	Genetig
Gezondheid	Iechyd
Hart	Galon
Immuniteit	Imiwnedd
Lenden-	Meingefnol
Lichaam	Corff
Neuropathie	Niwropatheg
Ontsteking	Llid
Syndroom	Syndrom
Therapie	Therapi
Ziekteverwekkers	Pathogenau
Zwak	Gwan

Zoogdieren
Mamaliaid

Aap	Mwnci
Bever	Afanc
Coyote	Coyote
Dolfijn	Dolffin
Ezel	Asyn
Geit	Gafr
Giraf	Jiraff
Gorilla	Gorila
Hond	Ci
Kameel	Camel
Kangoeroe	Kangaroo
Kat	Cath
Konijn	Cwningen
Leeuw	Llew
Olifant	Eliffant
Paard	Ceffyl
Stier	Tarw
Vos	Llwynog
Walvis	Morfil
Wolf	Blaidd

Gefeliciteerd

Je hebt het gehaald!

We hopen dat u net zoveel plezier beleeft aan dit boek als wij aan het maken ervan. We doen ons best om spellen van hoge kwaliteit te maken.
Deze puzzels zijn op een slimme manier ontworpen zodat je actief kunt leren terwijl je plezier hebt!

Vond je ze mooi?

Een Eenvoudig Verzoek

Onze boeken bestaan dankzij de recensies die zij publiceren.
Kunt u ons helpen door nu een mening achter te laten ?

Hier is een korte link die u naar uw
bestellingen beoordelingspagina.

BestBooksActivity.com/Recensie50

FINAAL UITDAGING!

Uitdaging nr. 1

Klaar voor uw bonusspel? We gebruiken ze de hele tijd, maar ze zijn niet zo gemakkelijk te vinden. Hier zijn **Synoniemen!**

Noteer 5 woorden die je ontdekt hebt in elk van de onderstaande puzzels (nr. 21, nr. 36, nr. 76) en probeer voor elk woord 2 synoniemen te vinden.

Notitie 5 Woorden uit ***Puzzle 21***

Woorden	Synoniem 1	Synoniem 2

Notitie 5 Woorden uit ***Puzzle 36***

Woorden	Synoniem 1	Synoniem 2

Notitie 5 Woorden uit ***Puzzle 76***

Woorden	Synoniem 1	Synoniem 2

Uitdaging nr. 2

Nu je opgewarmd bent, noteer 5 woorden die je ontdekt hebt in elke hieronder genoteerde puzzel (nr. 9, nr. 17, nr. 25) en probeer voor elk woord 2 antoniemen te vinden. Hoeveel regels kan je doen in 20 minuten?

*Notitie 5 Woorden uit **Puzzle 9***

Woorden	Antoniem 1	Antoniem 2

*Notitie 5 Woorden uit **Puzzle 17***

Woorden	Antoniem 1	Antoniem 2

*Notitie 5 Woorden uit **Puzzle 25***

Woorden	Antoniem 1	Antoniem 2

Uitdaging nr. 3

Prachtig, deze finaal uitdaging  is makkelijk voor jou!

Klaar voor de laatste? Kies je 10 favoriete woorden die je in een van de puzzels hebt ontdekt en noteer ze hieronder.

1.	6.
2.	7.
3.	8.
4.	9.
5.	10.

De uitdaging is nu om met deze woorden en binnen een maximum van zes zinnen een tekst te schrijven over een persoon, dier of plaats waar je van houdt!

Tip: U kunt de laatste blanco pagina van dit boek als kladblaadje gebruiken!

Je schrijven:

NOTITIEBOEKJE:

TOT SNEL!

Linguas Classics

www.ingramcontent.com/pod-product-compliance
Lightning Source LLC
Chambersburg PA
CBHW082101120626
46553CB00011B/3494
9798896702160